VALEU A PENA!
MERCADO DE CAPITAIS
PASSADO, PRESENTE E FUTURO

ROBERTO TEIXEIRA DA COSTA

VALEU A PENA!
MERCADO DE CAPITAIS
PASSADO, PRESENTE E FUTURO

Copyright © 2018 Roberto Teixeira da Costa

FGV EDITORA
Rua Jornalista Orlando Dantas, 37
22231-010 | Rio de Janeiro, RJ | Brasil
Tels.: 0800-021-7777 | 21-3799-4427
Fax: 21-3799-4430
editora@fgv.br | pedidoseditora@fgv.br
www.fgv.br/editora

Todos os direitos reservados. A reprodução não autorizada desta publicação, no todo ou em parte, constitui violação do copyright (Lei nº 9.610/98).

Os conceitos emitidos neste livro são de inteira responsabilidade dos autores.

1ª edição – 2018; 1ª reimpressão – 2018.

Preparação de originais: Ronald Polito
Revisão: Fatima Caroni
Projeto gráfico, diagramação: Abreu's System
Fotos e documentos: arquivo pessoal de Roberto Teixeira da Costa
Capa: Studio 513

Ficha catalográfica elaborada pela Biblioteca Mario Henrique Simonsen/FGV

Costa, Roberto Teixeira da, 1934–
    Valeu a pena!: mercado de capitais: passado e futuro / Roberto
Teixeira da Costa. – Rio de Janeiro : FGV Editora, 2018.
    220 p.

    Inclui bibliografia e caderno de fotos.
    ISBN: 978-85-225-1990-3

    1. Mercado de capitais – Brasil. 2. Mercado financeiro – Brasil.
I. Fundação Getulio Vargas. II. Título.

CDD – 332.670981

O caráter dos brasileiros, devo dizer, é o de um povo hospitaleiro, afetuoso, inteligente e ambicioso. Antecipam-se aos seus progenitores portugueses na liberalidade do sentimento e na empresa. Muitos de seus jovens visitam a Europa, outros são educados nos Estados Unidos; acrescente-se a isso um intercâmbio crescente com estrangeiros, os meios ordenados pela Divina Providência para o aperfeiçoamento humano. E quem não se regozija em sua ambição honrosa e na carreira aberta diante deles? Deve-se lembrar, no entanto, que ninguém pode ser um padrão para qualquer outro, pois nenhum dos dois encontra-se nas mesmas circunstâncias e condições. Sabemos que a influência do clima é onipotente e, por ocuparem uma das maiores e melhores partes das regiões equatoriais, cabe-lhes determinar até que ponto a ciência e as artes dentro dela podem competir com o seu progresso nas zonas temperadas. Quanto ao progresso, estão, os das nações latinas, ao lado dos franceses. Nas Câmaras são estadistas capazes e esclarecidos. E os representantes do Império no exterior são classificados em talento no mesmo nível dos embaixadores de qualquer outro país. Quanto aos elementos materiais de grandeza, nenhum povo sob o sol é mais favorecido, e ninguém tem um destino mais elevado aberto diante deles. Muitos têm a sabedoria para alcançá-lo!

Ewbank's sketches of life in Brazil.
Brazil and Brazilians (Fletcher and Kiddler) — Little Brown & Co — 1866

Sumário

Prefácio: *Fernando Henrique Cardoso* 9

Apresentação — Chega de saudade: *Edemir Pinto* 13

Introdução 15

1. O pioneirismo da Deltec 19

2. A lenta consolidação do mercado de ações — Ações preferenciais: a solução? ... 32

3. Analistas de investimentos — participantes fundamentais 34

4. A industrialização do Brasil na era JK e seu efeito no mercado financeiro 39

5. Abertura do capital 43

6. Perfil do investidor 48

7. Mercado expande a partir de meados dos anos 1960 50

8. Plano Real — trajetória inicial e o retorno da confiança em nossa moeda 63

9. Bolsa de Valores — base do processo de criação de liquidez no Brasil 67

10. Antecedentes à criação da Comissão de Valores Mobiliários (CVM) 71

11. Nasce a Comissão de Valores Mobiliários (CVM) 74

12. Autorregulação 84

13. Brasilpar — Pioneira no *venture capital* 86

14. O analista no mercado do século XXI 98

15. Expansões e contrações do mercado 100

16. Câmara de arbitragem do mercado (CAM) 107

17. Fundos de pensão — sua relevante contribuição ao mercado............................ 111

18. Globalização — efeitos nos mercados e papel do International Accounting Standards Board (Iasb).. 114

19. Integração regional e participação em termos de inserção internacional 120

20. Ética no mercado — divulgação de fato relevante.. 125

21. Cuidando das notícias e a responsabilidade da imprensa................................. 127

22. Conselhos de Administração... 129

23. Código Brasileiro de Governança Corporativa — Companhias Abertas............... 135

24. Privatizações e agências reguladoras 137

25. Atratividade dos mercados externos — empresas brasileiras na New York Stock Exchange (Nyse) 139

26. O mercado de capitais e as pequenas-médias empresas — Bovespa Mais 142

27. O BNDES e seu papel no mercado de capitais 147

28. Mercado de capitais após 2005 e seu comportamento em anos recentes — forte ascensão, queda e posterior acomodação... 151

29. A crise dos *subprimes* e a derrocada da Lehman Brothers 153

30. Ano crítico — 2016 159

31. O mercado tem futuro? 167

32. Uma visão sobre os mercados em 2025.. 171

33. A necessidade de reformas estruturais 174

34. Comentários finais 185

    Referências.. 187

    Anexos 191

    Glossário... 209

Prefácio

Vez por outra ocorre uma surpresa agradável. Quando recebi o convite para escrever este prefácio não imaginava o quanto a leitura do livro me seria leve e proveitosa. Afinal, alguém que levou seis décadas no mercado financeiro e escreve sobre sua experiência tem uma chance enorme de escrever um livro tedioso, pelo menos para quem não é do ramo, como no meu caso. Ainda bem que não foi assim: li quase de um fôlego só o depoimento de Roberto Teixeira da Costa, deleitei-me e aprendi.

Mais do que a vivência de uma pessoa que se destaca por sua permanente inquietação e presença na vida pública brasileira, o livro conta a história do mercado de capitais entre nós e, consequentemente, diz muito sobre nossa evolução econômico-financeira. A participação de Roberto na vida financeira vem desde os longínquos tempos de 1946, quando a Deltec marcou um momento importante na difusão de ações no mercado brasileiro. Como em outras experiências que a seguiram e nas quais Roberto teve participação, começavam a formar-se instituições desejosas de difundir um hábito novo nos poupadores do país: a compra de ações e, mais tarde, de outros valores mobiliários. Curiosamente, a iniciativa partiu de um empresário norte-americano que acreditou na possibilidade de modernizar o capitalismo da América Latina e achou que para isso haveria de popularizá-lo.

Visto a partir de hoje, poderia parecer óbvio que as pessoas se interessassem por colocar suas economias em papéis, seja em ações, seja em outros títulos mobiliários. Engano. Nossa tradição patrimonialista dava preferência à compra de imóveis. Quem, da classe média mais abonada para cima, deixa de ter "uma propriedade" de família, um imóvel que seja? E a cantilena: melhor guardar em imóveis porque se valorizam e não se dissipam. Dos mais velhos para os mais moços, então, o refrão é antigo: melhor deixar o pouco que tenho bem seguro e evitar que meus filhos gastem açodadamente. Um apartamento, uma casa, ou quem sabe até mais de uma, um terreno e, se possível, alguma terra dariam maior sensação de segurança do que haveres "invisíveis", que podem desaparecer como poeira, a cada ciclo da economia. Como se com eles, os imóveis, não oscilassem de valor...

No fundo, é a história de toda uma mudança cultural que se conta neste livro. O fio condutor é a vida do autor, mas a história que se conta é a da formação do mercado de capitais no Brasil. Na Deltec, Roberto e seus colegas organizaram o primeiro departamento técnico para prestar informações sobre o funcionamento das companhias que ofereceriam ações ao público, com a elaboração inclusive de um índice, ao lado do *slogan*: "Compre ações e torne-se sócio do Brasil".

O êxito foi grande, tendo sido lançadas ações de muitas empresas. No meio-tempo, Roberto Teixeira da Costa ainda encontrou modos de aperfeiçoar-se nos Estados Unidos, até que a Deltec — pioneira em formar fundos de ações no Brasil — fundiu-se com outras empresas, notadamente com o Banco Moreira Salles, e foi criado o Banco de Investimentos do Brasil (BIB), que foi líder no lançamento de ações (IPO) a partir de 1967. O BIB tornou-se possível graças à Lei do Mercado de Capitais, de 1965.

Mencionei as informações anteriores para oferecer um aperitivo aos leitores do que será a leitura do livro: um recorrido de nossa economia e da formação do mercado de capitais. Da motivação inicial da Deltec — encorajar os clientes a comprar títulos, passando pela formação de fundos, como o Condomínio Deltec —, o caminho até à consolidação de um mercado de investidores, facilitando a abertura das empresas de capital fechado, foi longo. Hoje, quando a cada dia se veem índices financeiros na mídia, não só nos jornais, mas nas tvs, e se sabe do papel central da Bovespa, e já contamos com a criação dos mercados de futuro, de novas leis disciplinadoras dos mercados financeiros, não custa reconhecer o trabalho paciente e persistente de pioneiros como Roberto Teixeira da Costa. Pioneiro também na regulação dos mercados, pois foi o primeiro presidente da Comissão de Valores Mobiliários (CVM).

Enfim, este livro nos conta muito da história do Brasil moderno. Reconhece seus grandes momentos, não se acanha de tratar das políticas econômicas e dos líderes inovadores que ensejaram prosperidade econômico-financeira. Mas o livro é, sobretudo, o testemunho de uma vida dedicada ao estudo, à difusão e à regularização das práticas empresariais-financeiras e de sua regulamentação. Por sorte para todos nós, o autor continua curioso, ativo e sempre pronto a se dedicar a causas que lhe pareçam meritórias. E teve energia suficiente para, há pouco tempo, ensinar na Columbia University, dando sequência ao muito que fez com energia em tão diversos campos, como quando se ocupou de consolidar as relações empresariais na América Latina por meio do Ceal.

Na parte final do livro, há ainda um resumo muito significativo dos avanços e das dificuldades do Brasil em comparação com outros países para a consolidação de seus mercados. Diria até que o leitor ganhará muito em matéria prática com as agudas observações que encontrará sobre o funcionamento dos mercados imobiliários.

Convido a que leiam o livro e estou certo de que, ao terminá-lo, terão a mesma sensação que eu tive e com a qual iniciei este prefácio: sua leitura vale a pena, é prazerosa.

Fernando Henrique Cardoso
Ex-presidente da República do Brasil (1995-2003)

Apresentação

Chega de saudade

O novo livro de Roberto Teixeira da Costa já nasce como um clássico na literatura econômica do Brasil. Primeiro, pelo autor, que está entre os "fundadores" do mercado financeiro e de capitais do país. Segundo, pela sua rica narrativa, que descreve sua intensa vida profissional nos últimos 60 anos, uma carreira que se confunde com a construção das bases da moderna economia brasileira. Roberto é o maestro de uma obra impressionante, descrita em pormenores nesta publicação.

O ponto de partida é 1958, ano inaugural da bossa-nova e de grande entusiasmo econômico no país. Roberto começa a trabalhar na Deltec, empresa pioneira no mercado de capitais brasileiro. Fundada pelo norte-americano Clarence Dauphinot Jr., trouxe para o Brasil uma série de produtos e serviços para o incipiente mercado de ações do país. Entre suas realizações, dedicou-se à tarefa de vender ações aos brasileiros que estavam ainda saindo de uma economia rural. Usava para isso o *slogan* "Compre ações e torne-se sócio do Brasil". Em um anexo simplesmente sensacional do livro, um vendedor da Deltec, Fulton Boyd, narra suas desventuras em uma Minas Gerais ainda de estradas de terra para vender ações da Companhia Força e Luz do estado. Além de Roberto, a Deltec nos deu também os empresários Jorge Paulo Lemann e Eduardo Mariani Bittencourt, respectivamente, da Ambev e do Grupo BBM, entre outras personalidades.

Roberto foi o primeiro presidente da Comissão de Valores Mobiliários (CVM), criada em 1976 no âmbito de uma série de reformas patrocinadas pelo então ministro da Fazenda, Mário Henrique Simonsen. Entusiasta do mercado de capitais, Simonsen tentava dar vida ao combalido segmento de ações depois do estouro de uma bolha especulativa no início dos anos 1970. A base que Roberto criou para a CVM, formada pelo tripé regulação, educação e desenvolvimento, permanece sólida até hoje. Contratou um *head hunter* para preencher os cargos para o órgão. Chama a atenção, pela atualidade, o documento proposto por ele há 40 anos como política de divulgação de informações que a CVM propunha ao mercado. Na mesma época, esteve no seleto grupo que comentou o que viria a ser a nova lei das sociedades por ações brasileira (6.404/1976), convidado por José Luiz Bulhões Pedreira, o artífice dessa legislação e da que criou a CVM.

É espetacular também sua atuação na Brasilpar, primeira empresa de *venture capital* do Brasil, com apoio do International Finance Corporation (IFC), órgão do Banco Mundial, do empresário Walther Moreira Salles, do Unibanco, de Abílio Diniz e outros gigantes do capitalismo brasileiro. Depois de um começo conturbado, a Brasilpar estabeleceu diversas inovações no mercado do país, como ser a primeira gestora independente de recursos. Os 18 mandamentos listados por Roberto a partir de sua experiência na Brasilpar deveriam figurar como disciplina obrigatória nos cursos de administração.

Roberto foi também o principal protagonista em outras realizações que passaram a se constituir em instituições da nossa bolsa, como a Câmara de Arbitragem do Mercado (CAM), constituída pela então Bovespa quando da criação do Novo Mercado, e a associação de analistas de mercado (atualmente, Apimec).

É reconfortante que Roberto lance seu livro em meio a uma das maiores crises que o Brasil já viveu, seja de ordem econômica, política e moral. Para quem acha que o espírito público morreu, está com saudades do passado e acha que o país já está em ruínas, antes mesmo de concluir sua construção, o exemplo de vida de Roberto Teixeira da Costa é revigorante. Poucos brasileiros como esse homem se dedicaram tanto a construir um futuro melhor para o nosso país.

Valeu, Roberto!

Edemir Pinto
Ex-diretor presidente da BM&FBovespa, atual B3 (2008-17)

Introdução

No final de 2015, decidi que no ano seguinte deveria passar alguns meses no exterior para adquirir uma visão global do cenário internacional e, ao mesmo tempo, buscar certo distanciamento do já complexo cenário brasileiro. A ideia era ter uma percepção diferenciada do nosso país e também uma visão em termos comparativos com a situação mundial.

A escolha recaiu sobre a Universidade de Colúmbia, em Nova York, que me recebeu como *visiting scholar*.

Antecipava que o período que passaria na universidade não seria de tempo integral e, portanto, quando lá estive de setembro a dezembro de 2016, imaginava que teria minhas manhãs livres. Escrever um novo livro foi então minha opção.

Minha decisão foi abordar o tema mercado de capitais, onde convivi e trabalhei grande parte de minha vida profissional.

Apesar de artigos e contribuições específicas a diferentes publicações ou estudos, meu livro de 2006, editado pela Imprensa Oficial sob o título *Mercado de capitais — uma trajetória de 50 anos*, estava com tiragem esgotada. Tomando a referida publicação como ponto de partida, ocorreu-me rever e atualizar o que havia escrito e voltar a discutir o futuro do nosso desenvolvimento à luz da inserção do mercado de capitais.

Os últimos tempos foram pródigos em acontecimentos que me obrigaram a avaliar efetivamente os fatos ocorridos na economia e na política nesses 10 anos e seus efeitos sobre o mercado.

Em Nova York contei com a ajuda de Laura Ibañez, jovem estudante de direito da PUC de São Paulo que coincidentemente estava iniciando seu período de estudos em Colúmbia, e que me foi indicada por Marcos Troyjo, responsável por minha recomendação à universidade, a quem muito devo pela oportunidade que me foi oferecida. A colaboração de Laura durante nossos encontros nessa fase inicial foi importante para que o texto tivesse sua estrutura definida.

Regressando ao Brasil, retornei ao trabalho. Sem poder a ele dedicar-me em tempo integral, ainda assim, durante o primeiro semestre de 2017, fiz várias revisões e incorporação de novos temas ao rascunho inicial, sempre com o objetivo de enriquecer seu conteúdo, integrando diferentes passagens de minha experiência vivida.

Ao final do primeiro semestre, e após mais de 30 intermináveis revisões, dei o trabalho como concluído e passei a pensar em quem o editaria.

Sensibilizou-me a disposição do presidente Fernando Henrique Cardoso em fazer seu prefácio; do ex-presidente da bolsa, Edemir Pinto, em fazer a apresentação; bem como a inestimável contribuição de Jorge Paulo Lemann e Pedro Malan, que dispensam apresentações, ao escreverem as orelhas do livro.

O resultado final foi satisfatório, pois creio que minha história de 60 anos de vivência, direta ou indiretamente ligada ao mercado de capitais, poderá ser importante referencial para todos aqueles que, em diferentes segmentos de nossa sociedade, queiram ter uma visão do processo de transformação que vivemos, e que continuamos atravessando, para o qual o mercado tem sido um importante fator.

Estou convencido de que meu esforço não foi em vão. Eis o motivo do título: *Valeu a pena!*

Gostaria de agradecer a todos aqueles que me incentivaram e se dispuseram a me ajudar nos diferentes momentos da elaboração deste livro.

Lembro aqui os nomes de: Alcides Ferreira, Alessandra Rigos, André Lara Resende, Andressa Molina Bondioli, Carlos Antônio Rocca, Cristiana Pereira, Duncan Littlejohn, Fernando Sotelino, George Vidor, Gray Newman, Henrique Luz, Israel Vainboim, Jorge Hilário Gouvea Vieira, Judas Tadeu de Campos, Marco Antônio Moreira Leite, Monica Demolein, Paulo Cezar Aragão, Ricardo Leonardos, Roberto Belchior, Ronaldo Nogueira, Sergio Zappa, Sidney Nakahodo e Thomás Tosta de Sá.

Não poderia ficar sem registro a revisão meticulosa vernacular feita por Edison de Freitas.

Por fim, e fundamentalmente relevante neste meu trabalho, Roseli Mayan, minha assistente, incansável na edição das diferentes versões, revisão dos textos e sugestões práticas de sua feitura. Sem ela este trabalho nunca terminaria.

Agradeço também a Joaquim Falcão, diretor da Fundação Getulio Vargas, que tão logo soube que estava terminando o livro colocou a Editora da FGV à minha disposição.

Por último, mas não menos importante, agradeço especialmente o apoio familiar de Cacilda e filhos no contínuo incentivo da construção deste trabalho.

1. O pioneirismo da Deltec

De 1930 a 1966, a economia brasileira baseava-se principalmente na agricultura e na exportação de produtos primários. Tais atividades eram financiadas pela Carteira de Crédito Agrícola e Industrial do Banco do Brasil (Creai) ou por meio de negociações dos contratos de câmbio. Não tínhamos bancos de investimento e inexistia um mercado de capitais organizado.

Não havia espaço para financiamento de longo prazo no mercado interno. Os grandes empreendimentos de então, como ferrovias, portos, energia elétrica e telefonia, eram conduzidos por empresas estrangeiras, com capitais levantados no mercado inglês.

A estrutura financeira no Brasil assentou-se fundamentalmente sobre dois tipos de instituições: bancos comerciais e Bolsas de Valores. Foi apenas na segunda metade do século XX que surgiu uma série de outras instituições especializadas em diferentes tipos de crédito. Antes do século XIX, não se encontram instituições organizadas, mas somente indivíduos exercendo funções de banqueiros ou corretores. O capital envolvido nas transações financeiras era uma fração do capital comercial. No domínio dos meios de circulação baseava-se a relação entre a metrópole e a colônia. [Levy, 1997]

Havia poucas instituições especializadas em negociar ações, das quais se pode destacar a Deltec S/A — Investimento, Crédito e Financiamento, empresa criada em 1946 pelo norte-americano Clarence Dauphinot Jr. para atuar no mercado latino-americano. Inovador no mercado brasileiro, o empresário tinha como objetivo oferecer títulos até então não disponíveis (basicamente ações), com uma estrutura que viabilizasse sua distribuição. Trabalhara anteriormente em uma empresa financeira norte-americana cujo foco específico era a América Latina, levando-o a viajar algumas vezes ao Rio de Janeiro e a Buenos Aires, durante a II Guerra Mundial, para vender *bonds* emitidos por companhias americanas. Foi quando percebeu a enorme diferença entre Brasil e Argentina: enquanto a Argentina dispunha de um atuante mercado de ações, com uma imponente Bolsa de Valores e alta circulação de capital, no Brasil quase nada existia; a Bolsa de Valores da Argentina era bem mais importante que a do Brasil (na época representada pela Bolsa do Rio de Janeiro). A Bolsa de Valores de São Paulo não tinha ainda a liderança que mais tarde viria a ocupar no cenário econômico-financeiro da América Latina.

Dauphinot convenceu seus parceiros a instalar uma financeira na América Latina. Inicialmente, sua preferência foi pela Argentina, alterada mais tarde para o Brasil, quando ele e seus sócios perceberam que a ascensão do populista Juan Domingo Perón traria muitos problemas para empresas estrangeiras.

Foi assim que vieram para o Brasil e associaram-se a importantes bancos comerciais locais: Banco Mercantil de São Paulo, Banco BoaVista, Banco Português, e ao grupo Monteiro Aranha. Considerando que a obtenção da carta patente demandaria espera de no mínimo seis meses, optaram por abrir, de imediato, uma pequena importadora cuja razão social inicial seria Impex. Como o nome já estava registrado, Dauphinot instruiu seu advogado brasileiro a dar qualquer denominação para a abertura da empresa, o qual optou por Deltec, a partir da primeira letra do nome de seus três fundadores (Dauphinot, Elrick e Littlejohn), e "tec" de técnicos.

Quando a Deltec iniciou suas operações como empresa de investimentos, com uma equipe especializada que incluía norte-americanos, seus emissários viajaram pelo Brasil para vender ações das empresas que na época se dispuseram a abrir seu capital. Nesse esforço, merece destaque a colocação das ações de empresas de energia elétrica e de telefonia, controladas por empresas norte-americanas, mas que haviam decidido ter acionistas locais. Era o início da popularização do capitalismo no Brasil, associado à ideia de que ter ações negociadas em bolsa, e pertencentes a brasileiros, dar-lhes-ia uma vantagem estratégica, acessando capital a um custo mais atraente.

A Deltec, criada oficialmente em 1946, lançou quatro fundos de investimentos fechados chamados Valérias, que investiam em ações de empresas negociadas em bolsa e também em outras, cujo lançamento público ela própria havia realizado. As Valérias foram organizadas como pessoas jurídicas, sociedades de investimentos. Funcionavam como empresas de participação de capital, tributadas como pessoa jurídica (todo ganho de capital obtido era tributado como lucro real).

Digna de registro a relevância dos nomes e das instituições envolvidas na representação da Deltec, como podemos constatar em seu folheto publicitário.

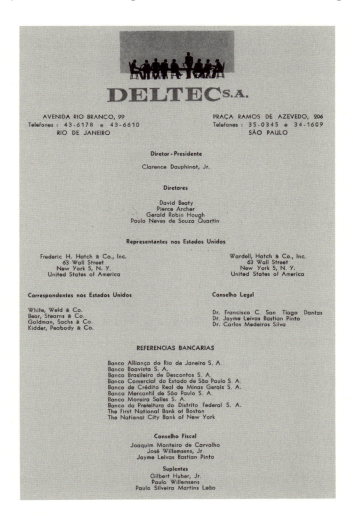

Antes de seu lançamento de maior projeção (Willys em 1958), até 1957 a Deltec vendeu títulos e ações cujo valor somado na época totalizou mais de Cr$ 505 milhões. Essas operações de vendas variaram extremamente desde a colocação de títulos com alguns poucos investidores até a distribuição de uma emissão inteira a mais de 9 mil acionistas.

Entre as companhias para as quais a Deltec realizou levantamentos de capital, figuraram as seguintes:

- Companhia Brasileira de Energia Elétrica;
- Companhia Força e Luz de Minas Gerais;
- Companhia Força e Luz do Paraná;
- Companhia Paulista de Força e Luz;
- Companhia Energia Elétrica Rio-Grandense;
- Companhia Telefônica do Espírito Santo;
- Companhia Administradora Rio Claro;
- Companhia Brasileira Valorizadora de Empreendimentos;
- Chenille do Brasil S.A.;
- Irmãos Lever S.A.;
- Listas Telefônicas Brasileiras;
- Valéria S.A. — Aplicações em Valores Brasileiros;
- Cimento Aratu S.A.

A equipe de vendas era treinada e estimulada por meio de convenções anuais que reuniam vendedores oriundos de todo o país. Os melhores eram premiados, e na sequência lançavam-se novas campanhas. As recomendações de potenciais clientes podiam partir dos gerentes dos bancos associados, muito embora alguns reagissem à ideia, pois entendiam que poderiam perder clientes depositantes em suas agências.

O alvo inicial das campanhas de treinamento da Deltec nos anos 1950 era convencer o potencial cliente de que o produto bem *mobiliário* podia ser mais atraente do que o *imobiliário*. Os detentores de poupança mais abonados eram investidores no mercado imobiliário. A aplicação em imóveis estava arraigada na cultura dos poupadores, que viviam dos aluguéis. A compra de moeda estrangeira ou a aplicação no exterior não eram alternativa ao investimento em imóveis e não competiam com o incipiente mercado de ações.

Os investidores relutavam em considerar aplicações alternativas que não fossem imóveis. A casa era um bem de raiz, que passava de pai para filho.

Em 1958, para a surpresa dos meus pais, após dois anos no então Citybank, onde estagiei em diferentes áreas, pedi demissão e fui trabalhar na Deltec a convite de Luiz Paulo Sampaio, colega de faculdade, na rua Marquês de Olinda (que mais tarde passou a ser a UFRJ). Meu chefe era Vladimir Jedenov, de origem russa, mas criado na China, que havia se refugiado no Brasil. Formado em Harvard (EUA), estava organizando os arquivos com as informações básicas de companhias com ações cotadas em bolsa. Portanto, ele e eu, como seu assistente (fora registrado na empresa como "técnico em pesquisas financeiras"), organizamos talvez o primeiro arquivo com informações societárias, onde armazenávamos todos os dados referentes ao setor em que a companhia operava. Era o embrião de um departamento técnico!

Além disso, nossos arquivos guardavam pastas com recortes e informações que abrangiam temas que pudessem guardar uma correlação com investimentos nas empresas com ações na bolsa.

Vladimir, a quem muito devo pela minha formação profissional, era personalidade exótica. Detalhista, minucioso, perfeccionista, alternava momentos de bom humor seguidos de outros de muita irritação. Era extremamente intolerante com a burrice e trabalhos malfeitos. Aprendi com ele, por exemplo, as regras básicas de metodologia de trabalho. Quando nossa secretária retornou de lua de mel e por ele foi chamada de srta., reagiu imediatamente: "Srta., não... Sra.!". Ele retrucou: "não me interessa o que você faz à noite".

Aprendi com Vladimir a análise dos demonstrativos financeiros, técnicas de decisões de investimento, os conceitos de preço/lucro (nessa época não falávamos no Ebitda) e de gestão de carteiras.

Principalmente por ser uma pessoa muito exigente, transmitiu-me confiança na qualidade do meu trabalho. Era homem de gosto requintado, pois trazia duas culturas ancestrais desde seu berço. Gostava de comer bem, e saíamos para almoçar do então escritório da Deltec na avenida Rio Branco, nº 99, esquina com a rua Buenos Aires, à procura dos bons restaurantes portugueses, naquela época escondidos no que hoje é a Saara Carioca, entre eles o Parreira do Vizeu. Vladimir, ao comentar que escolhia restaurantes distantes, dizia que não devíamos confundir o estômago com as pernas.

Graças a ele, descobri as delícias do queijo Serra da Estrela e dos bons vinhos portugueses, raros no Brasil naquela época. E a sobremesa "mineiro com botas".

O processo de mapeamento de informações levou-nos a racionalizar dados básicos para decisões de investimento. Lembro-me de apresentar ao diretor da Deltec nosso primeiro mapa com informações básicas sobre as companhias que detínhamos na carteira das Valérias e de sua enorme surpresa com o que havíamos conseguido montar. No seu português de iniciante, nos falou: "*Mucho bon*"!

Com esse trabalho, editamos em 1959, com o logotipo da Deltec, um primeiro apanhado dessas informações disponibilizadas para o mercado. Nessa mesma época, por iniciativa do Vladimir, lançamos o índice Deltec, precursor dos índices que passaram a ser acatados pelas bolsas de valores.

Simultaneamente ao lançamento do Índice Deltec, em novembro de 1960, publicamos trabalho inédito preparado pelo departamento técnico: *Comparativo das ações brasileiras mais negociadas nas bolsas do Rio de Janeiro e de São Paulo*. O trabalho abrangeu cinco anos de dados essenciais sobre 77 companhias que representavam mais de 90% do total transacionado nas bolsas. As empresas foram classificadas pelos setores em que operávamos. Entre outras informações, destacávamos seu capital, o número de ações, patrimônio, relação preço/lucro, dividendo por ação e negociabilidade em bolsa.

Das 77 empresas então relacionadas, hoje, somente sete ainda existem ou estão no mercado: Itaú, Banco do Brasil, Banco Brasileiro de Descontos, Lojas Americanas, Vale (na época, Vale do Rio Doce), São Paulo Alpargatas e Ambev (resultado da associação da Brahma com a Antarctica).

Curioso o *slogan* que constava na contracapa do estudo: "Compre ações e torne-se sócio do Brasil".

O *índice* tinha o objetivo de mostrar a evolução das cotações em bolsa. A base fora um investimento equitativo ao final de 1958, levando em conta todos os desdobramentos e subscrições que beneficiaram as ações adquiridas. O investimento em ações tradicionais tinha no geral produzido ótimos resultados. As 10 ações selecionadas, adquiridas em 1954, foram Docas de Santos, Vale do Rio Doce, Souza Cruz, Belgo Mineira, Cimento Aratú, Elevadores Atlas, Máquinas Piratininga, Brahma, Banco da Indústria e Comércio de São Paulo e Banco Boavista. Variavam positivamente entre 36% e 229%.

O PIONEIRISMO DA DELTEC

Tivemos na equipe *trainees* ou "analistas" que depois vieram a ocupar relevantes posições no mercado financeiro em diferentes empresas:

- Jorge Paulo Lemann — hoje um dos acionistas da Inbev;
- Sérgio Augusto Ribeiro — foi diretor da Caixa de Amortização, Banco Central e da SulAmérica Seguros;
- Eduardo Mariani Bittencourt — do Conselho do Grupo BBM;
- Júlio Cezar Belisário Vianna — foi meu sucessor no BIB quando me desliguei para assumir a presidência da CVM.

Quando comecei, era também responsável pelo treinamento dos vendedores sobre o conceito dos valores mobiliários.

Insistíamos que *ações* não são *compradas* e sim *vendidas*,[1] fundamental para a preparação do vendedor, o que aliás acontece até hoje. De 1958 a 1960, a Deltec chegou a ter mais de 300 representantes, distribuídos por todo o país, já que na época não existia a figura do agente autônomo.

Vale destacar um documento fascinante, *The campaign of Minas Gerais*,[2] escrito por um vendedor da Deltec, Fulton Boyd, quando relata suas tentativas de venda de ações da Força e Luz de Minas Gerais realizadas em várias cidades daquele estado. Viajava em condições precárias, literalmente "comendo poeira". Ele relatava detalhadamente onde estivera hospedado, e outras passagens peculiares, numa época em que não tínhamos quase estradas asfaltadas e com hotéis que hoje seriam o equivalente a duas estrelas cadentes. Andava quilômetros para alcançar algum lugar, batia à porta e, não raro, a pessoa que o atendia não tinha dinheiro.

A empresa fez lançamentos significativos de ações nesse período, entre as quais podem-se destacar, em 1958, as da Willys Overland do Brasil e as da Vemag, no esteio do entusiasmo pela implantação da indústria automobilística no país. Para estimular a venda de ações da Willys, a Deltec lançou uma promoção: quem comprasse mais de 500 ações teria direito a adquirir um jipe (o único veículo que a empresa fabricava na época) com 10% de desconto. Mais

---

[1] A tradição na época era a de oferecer um rendimento esperado, o que, no caso das aplicações em ações, não acontece.

[2] Campanha em Minas Gerais — outros aspectos na íntegra no anexo I.

tarde, a Willys lançou a Rural 4 portas e o Aero Willys. Na venda de ações da Vemag, houve a mesma promoção, com desconto na compra do DKW. Com isso, criava-se um estímulo para a compra das ações e promovia-se a venda do veículo.

Nos anos 1960, foi lançado o fundo de investimento aberto, *Condomínio Deltec*, para competir com o Fundo Crescinco, um dos pioneiros no Brasil e que chegou a ser o maior da América Latina.

Em 1961, fui escolhido para participar durante um mês em Champaign Urbana, na Universidade de Illinois, do programa Student Leader Seminar in Economics, junto com um grupo de estudantes brasileiros de diferentes faculdades de economia de todo o país (formei-me na Faculdade Nacional de Ciências Econômicas do Rio de Janeiro, tendo sido aluno de Octavio Bulhões, Roberto Campos, Paulo Lyra, Antônio Dias Leite, Casimiro Ribeiro, Themístocles Brandão, entre outros). Fui eleito para fazer o discurso de encerramento em nossa formatura, que coincidiu com a visita do presidente Eisenhower ao Brasil.[3]

Faço aqui um parêntese para também registrar o esforço pioneiro de Orozimbo Roxo Loureiro. Em seu livro biográfico, cita, sem precisar a data, o lançamento dos pioneiros fundos de investimento:

No mercado de capitais, com a organização de Roxo Loureiro S/A Banqueiros de Investimentos, lançou-se ao público os primeiros fundos de investimentos do país, incorporando-se subscritores de 120 milhões de cruzeiros em menos de seis meses. Pouco depois se oferecia ao público, numa distribuição feita em escala nacional, com 600 agentes espalhados por todo o país, o aumento de capital da Refinaria e Exploração de Petróleo União (Capuava). Esse "underwriting" de 225 milhões (talvez o maior já executado no mercado de capitais brasileiro), distribuído entre 12.500 pequenos acionistas, resultou na maior companhia de capital aberto do país, permitindo a realização da maior refinaria particular de petróleo nacional, numa época em que a empresa privada mais democratizada era a Companhia Paulista de Estradas de Ferro com mais de 100 anos de experiência e 6.000 e tantos acionistas, e quando, para todos os efeitos teóricos e práticos, era dogmático que o Brasil não dispunha de poupança privada capaz de financiar grandes empreendimentos nem de capacidade

---

[3] Anexo II.

para refinar petróleo. Em 1954, a Roxo Loureiro havia conseguido incorporar em Chicago (Estados Unidos) uma companhia onde financistas e homens de negócios brasileiros se associavam em participação igual a banqueiros de investimentos americanos, para lançamento de títulos nacionais em Wall Street, a fim de captar recursos para financiar a grande indústria de autopeças que nascia no país. Tudo superlativo. [Roxo Loureiro, 1976:23]

Orozimbo foi um empreendedor em diferentes atividades. Criou o Banco Nacional Imobiliário (BNI) em 1945, que mais tarde passou a se denominar Banco Nacional Interamericano. O banco não teve longa duração e foi liquidado extrajudicialmente em meados dos anos 1950.

Voltando à Deltec, em 1960 ela concentrou seu departamento técnico em São Paulo. Recém-formado, já antecipando o que mais tarde se tornou uma consequência de todo mercado financeiro, também me mudei do Rio para São Paulo, onde em 1961 assumi novas responsabilidades e passei a chefiar o Departamento Técnico. Em 1962 fui eleito diretor.

Em 1961 lançamos o Condomínio Deltec, fundo mútuo de investimentos criado nos mesmos moldes do então líder de mercado, o Fundo Crescinco.

Vale ressaltar um dos momentos difíceis como gestor do Condomínio Deltec ocorrido em 1964, antes do final de março. Naquele ano, havia tirado uns dias de férias no Rio de Janeiro e Júlio Vianna me substituiu na administração do fundo. A crise institucional no país derrubara as bolsas e seus cotistas resgatavam maciçamente suas participações, o que nos obrigava a vender as ações mais líquidas da carteira. Júlio, desesperado, me telefonava diariamente para decidir o que vender. Chegando perto de não poder atender aos resgates, cogitamos inclusive entregar aos clientes ações da carteira, como previa o regimento do fundo. No entanto, depois de 31 de março a situação se reverteu e houve forte reação do mercado.

E já que estou falando da experiência acumulada como gestor de fundos de investimentos, compartilho alguns aprendizados.

- Investir em ações requer conhecimento e assistência técnica. No entanto, bem-sucedidos investidores não eram profundos conhecedores das técnicas de investir, mas compensavam isso com uma percepção de momento fabulosa, possuindo excelente intuição.

- Na dúvida, não invista! A ideia de que você deve estar sempre investindo certamente é um mito. Num país que oferece tantas oportunidades de manter liquidez, recomendo investir só quando estiver convencido. Não esquecer jamais: *cash is king*.
- Não tenha a ganância de maximizar resultados. O melhor lucro é aquele realizado. Não se arrependa de ter realizado seu lucro e o preço do ativo que vendeu ainda continuar subindo.
- A recíproca é também verdadeira na hora de comprar. Quando estiver disposto a formalizar uma posição de compra, não fique acompanhando a cotação diária e sim busque um custo médio. E nunca se esqueça de só investir aquilo que você tem disponível, feitas todas as reservas necessárias.
- Reconheça quando tomou uma decisão errada e não fique esperando que em algum momento, certamente indefinido, você vai cobrir seu custo. Decisão errada requer revisão e até mesmo contabilizar o prejuízo. E não fique se martirizando pela decisão tomada!
- Limites de diversificação. É comum ouvir comentários sobre as vantagens da diversificação de um portfólio de ações. No entanto, ela deve ter limites. Excessiva diversificação pode tirar o foco de sua carteira e pode ter um custo de acompanhamento elevado.
- Uma maioria que pensa da mesma maneira não implica que ela esteja certa. Alguém já disse: *majority are always wrong*. Desconfie sempre de quem tem certeza!
- Tenho em minha sala uma placa que diz: "*I would agree with you but then we'd both be wrong*". Portanto, lembre-se sempre de que se alguém está concordando com você, há sempre a possibilidade de ambos estarem errados.
- Evite dicas e opiniões de *insiders*. Podem estar querendo ganhar nas suas costas. Medite sobre opiniões de terceiros que podem não ser o que parecem. E lembre-se: *insiders* também erram, além de estarem procedendo algo eticamente condenável.
- Tenha personalidade em suas opiniões. É preferível ir na sua do que embarcar em opiniões de terceiros e se arrepender.
- Ditado francês: "No mercado de ações, é melhor comprar ao som dos tambores e vender ao som dos violinos!".

O recrudescimento da inflação e, principalmente, a inexistência de companhias de qualidade dispostas a abrir capital obrigaram a Deltec a abastecer seu canal de vendas com ações de empresas de segunda linha, tipo Fosforita Olinda, Gastal, Gávea e outras de menor expressão.

A época áurea, marcada pelo lançamento da Willys, estava superada! Tanto na Argentina quanto no Brasil surgiu um mercado de notas promissórias de curto prazo, as quais inicialmente poderiam ter prazo de 18 meses. À medida que a inflação se agravava, passaram para 12 e depois para seis meses, com juros cada vez mais altos. Essas notas promissórias eram vendidas para o público que já havia comprado outros tipos de valores mobiliários. Eram adquiridas por prazos curtos, com altas taxas de juros, na tentativa de encontrar proteção contra a perda do poder aquisitivo da moeda, que já sensibilizava os detentores de poupança. Essas notas eram uma versão informal dos futuros *commercial papers,* e essa experiência retardou muito sua adoção no Brasil.

Vale mencionar que o mercado paralelo de notas promissórias concorria com o de letras de câmbio, sem a intermediação de uma instituição financeira. Importantes empresas tiveram de impetrar concordata para conhecer o passivo representado por esses títulos (Mannesmann, Toddy, Bates, por exemplo), pois seus administradores locais emitiram papéis sem qualquer controle, inclusive de seu conselho e órgãos superiores. Foi um processo de desintermediação financeira que não deu certo e posteriormente foi declarado ilegal.

O que então se observava era que, apesar de todas as campanhas promocionais e educativas, as empresas relutavam em abrir capital. Clarence Dauphinot Jr. escreveu um documento recomendando às companhias norte-americanas instaladas no Brasil a abrirem seu capital. No documento *Why American companies do not export capitalism,* o presidente da Deltec dirigia-se a várias multinacionais norte-americanas que estavam no Brasil, convidando-as a considerar ir ao mercado. Não teve a receptividade esperada, demonstrando que o capitalismo popular nos EUA era para uso interno e não produto de exportação.

Dauphinot mencionava que as empresas que abrissem seu capital ganhariam maior visibilidade, pois teriam ações negociadas em bolsa, e as que tivessem produtos de consumo seriam lembradas pelos consumidores.

No mercado acionário, os poucos participantes eram pessoas físicas que aplicavam basicamente em imóveis, pois não tínhamos instituições financeiras destinadas a operar no médio e longo prazo. Os fundos de pensão somente ganharam importância para o mercado acionário a partir de 1978, quando o Conselho Monetário Nacional aprovou a resolução originária da Comissão de Valores Mobiliários (CVM), obrigando os fundos a terem um investimento mínimo em ações. Até então, os dois fundos mais relevantes eram a Previ (a mais antiga do país) e a Petros, respectivamente, dos funcionários do Banco do Brasil e da Petrobras, que financiavam seus mutuários e adquiriam títulos do governo. Praticamente não investiam em ações.

Somente nos anos 1970, as companhias de seguros, reconhecidamente importantes investidores institucionais, foram autorizadas a atuar no mercado de ações, dispondo de recursos para a aplicação de médio e longo prazos, desde que atendessem a seus planos atuariais e formassem reservas suficientes para cobrir seus riscos. A respeito do assunto, vale a pena transcrever o que publicou o Banco Central (BC):

SEGURADORES ANALISAM NOVO SISTEMA DE APLICAÇÃO DE RESERVAS TÉCNICAS

Com as novas alterações que acabam de ser aprovadas pelo Conselho Monetário no regime de aplicações de reservas técnicas das sociedades seguradoras, foi completado o elenco de medidas capaz de manter em nível adequado a capacidade de cada companhia de decidir sobre o tipo de investimento de sua preferência, respeitado o conjunto de inversões possíveis. Além disso, os empresários estão dando destaque ao aumento da possibilidade de aplicação em ações cotadas em Bolsa de Valores, em detrimento das inversões compulsórias em ORTN.

Apesar de no início alguns seguradores terem imaginado que se implantaria um sistema com flexibilidade ainda um pouco maior, foi visível a aprovação desses empresários à nova reformulação que lhes dará melhores resultados financeiros, proporcionalmente a sua capacidade de gestão dos negócios. Com isso, o volume habitualmente aplicado pelas seguradoras em papéis de renda variável poderá dobrar até o final de 1974, segundo afirmam os técnicos das companhias.

Não existindo bancos ou carteiras de investimento, as vendas de ações e de títulos eram feitas diretamente aos poupadores por meio das já mencionadas equipes de venda, e, mais tarde, usando timidamente os gerentes de bancos como parte de uma cadeia de distribuição de valores mobiliários.

Apenas anos mais tarde, o Bacen editou a Resolução nº 157, datada de 10 de setembro de 1970, que autorizou agências bancárias a venderem ações. Hoje, as agências bancárias são importantes canais de distribuição para diferentes títulos financeiros e de seguros.

Os profissionais ligados a um mercado nascente incentivaram as companhias seguradoras a utilizar parte de seus recursos na compra de ações. O processo foi lento, e o perfil das carteiras dos investidores foi se moldando aos poucos aos novos tempos, vencendo as resistências normativas e práticas existentes.

Lembro-me também de que prevalecia o valor nominal nas ações e de que as seguradoras anteriormente não podiam negociar ações abaixo do valor nominal.

2. A lenta consolidação do mercado de ações
Ações preferenciais: a solução?

O desafio da Deltec foi o de criar um título mobiliário atraente para o investidor e que pudesse ser competitivo, sensibilizando as pessoas que estavam ingressando no mercado como uma alternativa de aplicação e que poderia dar rendimento satisfatório ao seu capital investido. E esse grande desafio, evidentemente, estava atrelado ao convencimento de boas empresas de que, no mercado de capitais, obteriam recursos que lhes permitissem crescer. Um dos mecanismos foi a utilização das ações preferenciais, que ofereciam dividendos prioritários (se houvesse lucro) e sem o direito a voto. A diluição do patrimônio com a venda de ações preferenciais era considerada tolerável para os acionistas controladores, pois essa diluição, a preço inferior ao que entendiam que sua empresa valia, não lhes tirava o poder de comando sobre a companhia como detentores de ações ordinárias. O reinvestimento de parte de seu excedente de lucros era a base para o crescimento das empresas. O canal importante era o financiamento bancário de curto prazo, antes do aparecimento de bancos de desenvolvimento, notadamente o BNDES, fundado em 1952 por Roberto Campos, Ari Torres, Lucas Lopes e Glycon de Paiva, entre outros. Os grandes bancos eram prestamistas, mas em prazos limitados, com seus recursos circunscritos aos depósitos à vista. Os depósitos a prazo, pouco remunerativos, ocupavam parte inexpressiva no passivo dos bancos. Não tendo tal lastro, não podiam emprestar a empresas que certamente precisavam de prazos ampliados para remunerar seus investimentos de expansão ou mesmo para fortalecer seu capital de giro e financiar suas vendas.

A Deltec preocupou-se com a defesa dos interesses dos acionistas, embora tal exercício fosse desenvolvido de forma ainda precária. Insistia que a empresa distribuísse dividendos pois se tratava de um atrativo para que o acionista obtivesse uma renda compatível com, por exemplo, o aluguel de imóveis, e que oferecia uma renda garantida. Prometia no lançamento um mínimo de 12% de dividendos a.a. sobre o capital da companhia. Em alguns casos, ele era cumulativo, ou seja, o que não era pago em um ano, acumularia para o ano seguinte chegando às vezes a 18% a.a.

As bonificações em ações, com distribuição de ações gratuitas, eram muito bem recebidas pelos acionistas, incorporando reservas existentes ou aquelas provenientes da reavaliação dos seus ativos.

Foi assim que o conceito de ação preferencial (no caso de liquidação da companhia, o investidor receberia em primeiro lugar e havia a garantia de pagamento preferencial na forma de dividendos) acabou criando a base do mercado de capitais. Na prática, foram colocados em campos distintos o dinheiro do investidor e o privilégio de controlar a empresa, assim garantindo que os riscos maiores corriam por conta do acionista controlador (que comandava a empresa).

Finalmente, as empresas deveriam contratar auditoria externa e, também, fazer constar no estatuto social os direitos dos acionistas, mesmo que ainda não previstos na Lei das S/A, mas que eram recomendados e transparentes nos prospectos de lançamento. Em muitos casos, era indicado um diretor independente para representar o interesse dos minoritários (conselhos ainda não eram habituais).

Obviamente, o custo de ir ao mercado foi fator relevante na questão da abertura, hoje até mais do que no passado. Existe o custo inicial da emissão em que o fator volume é relevante, como também as implicações e custos adicionais para manter o capital aberto. Daí o fato de predominância de empresas familiares na América Latina, onde o Brasil não é exceção, e a escolha, em muitos casos, do endividamento, seja por empréstimos externos ou por acesso aos bancos oficias de crédito (oferecem recursos de médio-longo prazos a taxas subsidiadas). Embora os custos não fossem desprezíveis, o que importava era quanto entraria nos cofres da empresa ou do acionista controlador.

3. Analistas de investimentos — participantes fundamentais

Os valores mobiliários negociados no mercado oficial eram representados por títulos múltiplos, inclusive na forma ao portador, posteriormente extintos, o que implicava manutenção de departamentos de custódia destinados à sua guarda e movimentação, com todos os riscos inerentes (conversões, subscrições, recebimento de dividendos, bonificações etc.). Lembro-me de que, ao ser eleito diretor da Brasmotor, em 1967 (representando acionistas do Decreto--Lei nº 157), fui "premiado" com uma pilha de cautelas que levaram algumas horas para ser assinadas. A partir dos anos 1980, viriam a ser substituídas pelo sistema escritural, ou seja, sem emissão de certificados, mantidas em contas de depósito em instituições financeiras. O término das ações ao portador, a princípio combatido pelo mercado, acabou sendo assimilado, pois na época o Brasil era dos poucos países onde ainda existiam esses títulos.

O analista de investimentos tinha a árdua tarefa de fazer análises e recomendações, valendo-se da pouquíssima transparência das informações disponíveis. No final dos anos 1950 e início da década seguinte, não havia técnicos especializados no relacionamento com investidores e na divulgação de informações. Conseguir entrevistas e colher informações junto às empresas, para que esclarecessem dados insatisfatórios dos demonstrativos publicados, era um exercício inglório. Recordo-me da visita à Arno S/A, em São Paulo, quando ao solicitar ao seu então presidente, Felipe Arno, informações sobre dúvidas nos dados divulgados, ele ficou indignado e contestou que somente prestaria informações a Clarence Dauphinot! Algumas empresas, por ocasião de suas assembleias, davam informações adicionais sobre o comportamento de suas atividades. Relatórios anuais eram extremamente concisos em termos de informar algo realmente relevante para os acionistas e limitavam-se às informações obrigatórias de balanço. Demonstrativos financeiros não eram auditados, além de serem pouco esclarecedores sobre os critérios utilizados.

Conselhos de Administração eram facultativos; quando existiam tinham poderes limitados e seus participantes raramente estavam preocupados em agregar valor. Somente se tornaram mandatórios em 1976 para as companhias abertas.

Vale lembrar uma das exceções: Keith Bush, então presidente da São Paulo Alpargatas, distribuía por escrito os comentários dos três ou quatro primeiros meses do exercício vigente, por ocasião da assembleia geral ordinária, quando da divulgação dos resultados do ano anterior. A Lei das S/A (Decreto-Lei nº 2.627, de 29 de setembro de 1940), então em vigor, obrigava as empresas a apresentar seus demonstrativos financeiros até o final de março, antes das assembleias anuais. Logo, não havia informações regulares até o ano seguinte.

Aliás, Keith Bush insistia com todos os membros do Conselho de Administração para que estivessem presentes na Assembleia Ordinária Anual da Alpargatas.

Com uma economia fechada, o comportamento e as variáveis da situação internacional não pesavam nas recomendações dos analistas. Hoje, a situação é totalmente diversa, com uma enorme variedade de informações locais e externas para selecionar.

Não existia ainda uma comunidade formal de analistas financeiros. Além da Deltec, a única empresa relevante na área de investimentos, crédito e financiamento era a International Basic Economy Corporation (Ibec), fundada pelos irmãos Rockefeller, em 1952. No Brasil, ela lançou e administrou o fundo Crescinco, que foi aberto à captação no dia 18 de janeiro de 1957. Moderno para aquele tempo, podia, por exemplo, investir 20% do patrimônio em ações de companhias estrangeiras, desde que tivessem subsidiária no Brasil. Mais tarde, essa alternativa de aplicação foi vetada. Mas o que o bilionário da Standard Oil, Nelson Rockfeller, fazia por aqui? Neto do legendário John D. Rockefeller, era o político da família. Chegaria à vice-presidência dos Estados Unidos na administração Gerald Ford, entre 1974 e 1977. Anos antes, durante a II Guerra Mundial, em uma audiência no Congresso norte-americano, um deputado lhe perguntou do que a América do Sul precisava. "O que faz falta por lá é uma classe média", respondeu Nelson. Só assim acreditava que seria possível romper a inércia de países agrários dominados por coronéis avessos a qualquer modernização — e, pior, presas fáceis para qualquer aventureiro antiamericano. Esse pensamento nortearia boa parte da política de boa vizinhança que começou na gestão Franklin Roosevelt e prosseguiu por vários outros mandatos presidenciais. Entre as várias iniciativas oficiais e oficiosas de Washington, estava o desenvolvimento de um mercado de capitais no Brasil que atingisse os investidores individuais e considerasse a economia de mercado. Além disso, os fundos foram vistos como um excelente instrumento para permitir o acesso da classe média ao mercado de capitais. Nos Estados Unidos, eles existiam desde 1924; e começaram timidamente e conquistaram uma legião de clientes em poucos anos.

Matéria publicada na edição nº 18 da revista *Lady — A companheira da mulher* (jun. 1958) alertava para o crescente papel das mulheres como investidoras. Indicava que no fundo Crescinco a participação das mulheres, ao final de 1957, era de 17% e, em outubro de 1958 já havia aumentado para 22%. Foram realmente precursores acerca de um tema que hoje é intensamente discutido, que é o papel das mulheres em diferentes cargos de representação nas empresas e na gestão da poupança doméstica.

O prospecto da Crescinco, originalmente em português, tinha também versões em inglês, francês e alemão. Isso indicava que os administradores buscavam também investidores estrangeiros.

Assim, tanto a Deltec como a Ibec convergiram na ideia de promover o capitalismo no Brasil, uma por meio da venda direta de ações, e a outra pelo fundo de investimento. Posteriormente, a Deltec lançou uma variedade de fundos liderados pelo Condomínio Deltec.

Outra iniciativa a ser lembrada na área dos fundos de investimento foi o lançamento em 1962, da Univest, liderada por Raymond Demolein, que anteriormente havia ocupado a diretoria da Deltec desde 1955. Lançou com sucesso pela Univest o contrato de investimento mensal (CIM), atrelado à garantia de um seguro de vida. Em 1970, quando inauguraram um escritório em São Paulo, chegaram a ter 40 mil investidores, que em pouco mais de um ano subscreveram meio trilhão de cruzeiros antigos.

Posteriormente, a Univest foi adquirida pelo grupo financeiro de Paulo Geyer e Soares Sampaio — a União Comercial — e pelo Investbanco.

Em 1962, ganhei bolsa de estudo para cursar mestrado em finanças com ênfase em mercado de capitais nos Estados Unidos, na Universidade de Wisconsin, em Madison. Naquele momento, a Deltec não pôde me liberar, pois havia efetuado sensíveis reduções no seu quadro de funcionários. Ofereceram-me, como compensação, estágio no Capital Group em Los Angeles, um dos maiores administradores de fundos nos Estados Unidos, onde fiquei por um mês, e, posteriormente, em Nova York. Nesse período, fui a um evento na sede da National Securities Analysts, onde se apresentava uma empresa engarrafadora da Coca-Cola que discutia abertamente com analistas seus resultados e projetos. Fiquei impressionado com a reunião, pelo fato de a empresa se abrir totalmente para os analistas, dando informações relevantes, o que não acontecia por aqui.

Essa visita apontou para a necessidade de criarmos no Brasil uma entidade naqueles moldes.

Mais tarde, em meados de 1965, surgiu a Associação Brasileira de Analistas de Mercado de Capitais (Abamec), que teve como primeira sede o sótão do antigo edifício da Bolsa de Valores do Rio de Janeiro. Juntamente com mais 18 pessoas, fui um dos fundadores da associação. Pretendíamos ampliar a exposição do mercado de capitais a diferentes segmentos da sociedade. Uma das primeiras empresas a se apresentar aos analistas foi a Brahma, depois vieram a Souza Cruz, a Vale do Rio Doce e muitas outras.

Quando da criação do BIB, em 1966, improvisamos as primeiras reuniões com analistas no último andar do Banco Moreira Salles, localizado na praça do Patriarca em São Paulo. A primeira convidada para esse tipo de reunião foi a Siderúrgica Riograndense, que se transformou em uma das maiores empresas do setor siderúrgico, projetando o Grupo Gerdau no Brasil e no exterior. Lá estiveram Curt Johannpeter (pai de Jorge Johannpeter) e Robert Nickhorn. Na sequência, já no auditório do 30º andar, realizamos sucessivas reuniões com empresas listadas em bolsa. Quando um coquetel era oferecido, a frequência era bem maior.

Lembro a experiência compartilhada com Júlio Cesar Vianna, Ricardo Collier, Tomas Tomislav, Antonin Zinner, Gabriel Jorge Ferreira, Marcílio Marques Moreira, Roberto Konder Bornhausen, Sergio Augusto Ribeiro,

Thomaz Saraiva Przirembel e Israel Vainboim, com os quais participei na formação do BIB e que, posteriormente, seguiram no comando do Unibanco.

Foi nosso contemporâneo (entre 1971-1972) Rubens Ometto, que hoje dirige um dos maiores grupos industriais brasileiros — Cosan S/A. Lembro-me também de André Jakurski, que trabalhou no Rio de Janeiro e posteriormente criou a GP, administradora de recursos de terceiros por meio de diferentes fundos.

4. A industrialização do Brasil na era JK e seu efeito no mercado financeiro

Antes de comentar o papel do governo JK — Juscelino Kubitscheck — na economia brasileira (eleito presidente em 1955 e cassado pelo golpe militar em 1964), é necessário registrar os termos *mercado de capitais* e *mercado financeiro*. Respectivamente, significam a captação de poupanças, usando instrumentos chamados valores mobiliários para aplicações em médio e longo prazos. O mercado financeiro opera, principalmente, no curto prazo basicamente com títulos públicos, CDBs bancários e fundos direcionados, os chamados fundos multimercado. Quando falo do mercado de capitais, refiro-me à obtenção de recursos no médio-longo prazo, seja sob a forma de títulos de dívida, ações ou títulos de renda, ou mais genericamente, de títulos híbridos, como debêntures conversíveis. Nele, as empresas, diretamente ou por meio de intermediários financeiros, buscam recursos para financiar seu crescimento e capital de giro, com títulos de dívida com maturação de médio-longo prazo ou sob a forma de *equities* (ações).

Juscelino Kubitscheck, que havia sido governador de Minas Gerais (1950-1954), teve também papel de destaque na vida econômico-financeira do país. Lançou as bases da indústria automobilística, de eletrodomésticos e de bens de consumo semiduráveis. Em 1959, a Volkswagen do Brasil passou a fabricar seu modelo "besouro", o tão lembrado Fusca. O carro já estava presente no país desde o começo dos anos 1950, porém, assim como a Kombi, era montado no país com peças importadas.

O surgimento dessas indústrias gerou a necessidade de financiamento para os consumidores, já que os bancos comerciais não estavam preparados para atender à nova demanda de crédito em prazos, escala e custos aceitáveis para os compradores e, ao mesmo tempo, serem capazes de criar instrumentos atraentes de mobilização de poupança.

Assim, o então presidente, ao fomentar a indústria, gerou a necessidade de financiamento, estimulando o aparecimento de instituições especializadas.

A Lei da Usura (Decreto-Lei nº 22.626/1933) não permitia que fossem cobrados mais que 12% de juros ao ano nos empréstimos. Tal entrave inibia que o sistema financeiro tradicional operasse no financiamento dessa nascente indústria que, para conquistar o consumidor, precisava de prazos mais largos e com rentabilidade compatível com a percepção crescente do desgaste da moeda nacional. Por conseguinte, surgiram as financeiras, sendo a primeira a Finasa, liderada pelo Banco Mercantil de São Paulo, que tinha à sua frente Gastão Eduardo Bueno Vidigal, banqueiro tradicional que mais tarde fez parte do Conselho Monetário Nacional (CMN) representando o setor privado.

Com uma base de capital totalmente subscrita por diferentes bancos, a Finasa lançou a letra de câmbio como uma maneira de contornar a Lei da Usura, pois tornou possível vender títulos ao portador a juros permitidos pela lei e colocados com deságio. Na prática, isso aumentava os ganhos e consequentemente remunerava melhor o investidor. Assim, foi possível alongar os prazos dos papéis e, com o capital mobilizado, financiar indústrias nascentes que exigiam prazos mais dilatados para seus consumidores. Foram consideradas não só a indústria automobilística, mas também, por exemplo, a indústria de eletroeletrônicos.

Foi assim uma grande inovação o crédito de aceitação, cabendo lembrar que a negociação de tais títulos era antecedida por um registro da colocação na bolsa para caracterização da taxa de deságio.

A mecânica de emissão de uma letra de câmbio era a seguinte: quando se adquiria um bem financiado (uma geladeira ou automóvel, por exemplo), a empresa financeira recebia da empresa vendedora notas promissórias emitidas pelo comprador. Com os papéis, ela lastreava seus títulos, que representavam as notas promissórias, que suportavam a emissão do título, e, se obtivessem o aval de um banco, o título tornava-se ainda mais atraente, fazendo, assim, concorrência àqueles com vencimento em médio e longo prazos, e que por serem de renda variável, não ofereciam uma rentabilidade previamente garantida. Vale ressaltar o aspecto do rendimento garantido em confronto com a incerteza do rendimento que as ações ou os fundos de investimento poderiam oferecer, o que acabou por ser fator relevante na alocação de poupança no mercado brasileiro. O crédito de aceitação pressupunha uma abertura de crédito em favor da tomadora dos recursos, efetivado mediante aceite nas letras de câmbio contra elas sacadas, e tinha como garantia duplicatas ou recebíveis, conforme se tratasse de financiamento de capital de giro ou de refinanciamento de vendas a prazo, em geral, ao consumidor.

Nesse período, as lojas de departamentos (Ducal, Bemoreira, A Exposição Clipper, Sensação Modas, Rei da Voz, Mesbla, Mappin — Casa Anglo Brasileira, Sloper, Brastel e outras) popularizaram as vendas pelo crediário. No caso, a Ducal chegou a vender em até 24 meses, com prestações sem correção monetária. Assim, era vantajoso comprar a prazo, pois os débitos diminuíam de valor devido à inflação já perceptível. Isso acabou com muitas empresas, já que entre 60% e 70% dos clientes compravam a prazo. Como a variação da inflação e da taxa de juros do mercado eram imprevisíveis, isso acabou acarretando a quebra de várias redes de lojas. Todas as lojas acima mencionadas não mais existem.

As vendas a prazo passaram assim a ser um fator novo para o consumidor brasileiro.

O anúncio de A Exposição marcou a época: "Basta ser um rapaz direito para ter crédito na A Exposição".

Lembro-me da promoção da Ducal: ao comprar um terno, você ganhava duas calças, esse foi o motivo da origem do nome Ducal.

Se, de um lado, a expansão da indústria na era JK criou condições para o aparecimento de um mercado financeiro, por outro, tornou-o menos organizado. Leis defasadas e a inflação atrasaram o aparecimento de um mercado de capitais mais robusto. Esse foi o panorama até meados da década dos anos 1960.

Na era JK, com uma maior transparência na economia, passou a fazer parte do nosso cotidiano a percepção do desgaste da moeda. Progressivamente, foi percebida a necessidade de buscar proteção contra a inflação.

A construção de Brasília causou substancial déficit fiscal, financiado em grande parte com a impressão de moeda, iniciando um ciclo de inflação mais perceptível. A compra de divisas estrangeiras, ainda pouco difundida, era concentrada em casas de câmbio, principalmente para operação em dólares, embora alguns investidores mais sofisticados comprassem também francos suíços ou mesmo ouro. Já a partir dessa época começava a ganhar força o mercado paralelo de câmbio.

5. Abertura do capital

A motivação financeira para empresas irem ao mercado sempre foi importante, mas não decisiva, por diferentes razões: por associações de capitais, ou por terem as empresas nascido com uma conformação aberta, ou porque os funcionários eram acionistas, ou mesmo em função de grupos familiares que detinham ações e que, portanto, tinham que abrir o capital para dar eventual liquidez aos que quisessem sair. Alguns grupos estrangeiros, instalados no Brasil por uma ou outra razão, achavam que politicamente precisavam ter uma participação de brasileiros como acionistas minoritários.

Durante muitos anos, a comunicação das empresas com relação ao mercado foi de distanciamento. Nos relatórios anuais, dificilmente se reservava espaço para discutir a relação da empresa com o mercado de capitais e, quando havia, abordava-se a questão das políticas de dividendos. Mas não era algo que estivesse intimamente ligado ao valor da ação no mercado. Não havia políticas de garantia de liquidez no mercado e programas de sustentação (*market makers*).

Desde então, tem sido objeto de grande debate a questão da colocação de ações preferenciais no mercado sem direito a voto. Como indiquei, o Brasil foi um dos poucos países a criar um mercado em que esse instrumento ocupava um lugar de destaque, conforme comentaremos em outra passagem. Com o tempo, a contestação intensificou-se, pois o mercado passou a questionar a dualidade entre as ações votantes e não votantes, considerando que muitos preferencialistas eram vistos como acionistas de segunda classe. No mercado norte-americano, as preferenciais eram consideradas títulos de dívida e resgates e, portanto, faziam parte do exigível de longo prazo.

Na reforma da Lei das S/A (Lei nº 10.303, de 31 de outubro de 2001), o aprofundamento da discussão levou à alteração da proporcionalidade entre as ações preferenciais e ordinárias no capital social, limitadas a 50% do capital. De conformidade com a alteração, as companhias abertas somente poderiam emitir novas ações preferenciais com observância de alguns pré-requisitos estabelecidos pela norma em questão, sendo admitidas à negociação no mercado de valores mobiliários se a elas for atribuída, pelo menos, um dos seguintes direitos:

a) participar do dividendo a ser distribuído correspondente a, pelo menos, 25% do lucro líquido do exercício, calculado e de acordo com critérios previstos na lei;
b) recebimento de dividendo, por ação preferencial, pelo menos 10% maior do que o atribuído a cada ação ordinária; ou
c) ser incluídas na oferta pública de alienação de controle, nas condições previstas em dispositivo da mencionada lei, assegurado o dividendo pelo menos igual ao das ações ordinárias.

Essa reforma levou muitos anos para ser implementada, se comparada à aprovação da Lei nº 6.404, de 1971. Vivíamos em tempos diversos.

- A crise do mercado de 1971 a 1975 e a forte motivação por ela gerada para que a situação fosse revertida o mais rápido possível.
- A autoridade de Mario Henrique Simonsen e a força que lhe foi conferida pelo presidente Geisel para iniciar uma nova era.
- O nome dos juristas escolhidos: Alfredo Lamy e José Luís Bulhões Pedreira.
- O apoio das entidades do mercado.
- A sensibilidade dos congressistas de então.

Para ajustarem-se às novas circunstâncias, as companhias passaram a oferecer proteção adicional ao acionista preferencialista. A principal delas é o chamado *tag along*, ou seja, o direito dos acionistas minoritários de também vender suas ações por meio de oferta pública, no caso de transferência de controle. Esse direito vem sendo indicado como um importante fator para melhoria dos padrões de governança corporativa. Embora o art. 254-A da Lei nº 6.404/1976 contemple o *tag along* obrigatório apenas para os acionistas ordinaristas (que passam a ter o direito a vender suas ações por valor equivalente a, no mínimo, 80% do preço por ação pago ao acionista controlador alienante), observa-se que várias companhias passaram a contemplar tal direito também para os titulares de ações preferenciais (considerando que esse direito é uma das vantagens que podem ser atribuídas às ações preferenciais, nos termos do art. 17, §1º, III, da Lei nº 6.404/1976). Tal prática foi também incentivada pela criação do nível 2 de governança corporativa da BM&FBovespa (o Novo Mercado será comentado na sequência), que também estabelece o *tag along* para as ações preferenciais, nas exatas mesmas condições aplicáveis às ações ordinárias (nesse caso, em valor equivalente a 100% do preço por ação pago ao acionista controlador alienante).

Nos últimos tempos, tem ocorrido no mercado internacional, e mais recentemente no brasileiro, o renascimento das preferenciais. São as chamadas ações superpreferenciais.

Trata-se de uma troca em que, ao renunciar ao direito político do voto, tais papéis receberiam também largas vantagens econômicas, sobretudo na distribuição de dividendos.

O objetivo da emissão desses títulos é preservar a posição de poder de um fundador ou líder sobre a empresa, desconstruindo o princípio de *one share, one vote*, (o que estabelece que a cada ação deve corresponder um voto).

É o caso da empresa chinesa Alibaba e seu fundador Jack Ma, assim como do Facebook e Mark Zuckberg na área internacional e, no campo interno, o da emissão de ações da linha aérea Azul. Esta última pode, no limite, chegar a permitir que o criador, David Neeleman, a controle com menos de 1% do capital.

Analistas e historiadores do mercado têm alertado sobre como agir para impedir tais distorções. A bolsa, com seus códigos de listagem, teria a tarefa de zelar pela equidade que deve presidir os negócios em valores mobiliários. Mas o investidor deve ter uma clara informação do que está comprando. Quando o mercado está numa fase ascendente, os investidores não se prendem a muitos detalhes, embarcando nas oportunidades que lhes são oferecidas, pensando somente em eventuais ganhos de curto prazo.

Num passado longínquo, não observávamos grande preocupação, por parte das companhias abertas, com o valor de suas ações no mercado. Com o tempo isso foi se alterando. A globalização certamente foi fator decisório, e as empresas passaram a olhar o que está à sua volta, porque muitas cresceram; outros grupos nacionais se verticalizaram ou alguns querem sair e, para isso, precisam maximizar o valor de sua saída por meio da venda de ações. Evidentemente, a questão do custo de capital está obviamente ligada ao valor de mercado de suas ações. É da maior importância como potencial moeda de troca num *merger* ou associação.

É preciso ter a consciência de que um tratamento justo aos acionistas minoritários é fundamental. Ter esse comportamento não é uma virtude, é obrigação no relacionamento empresa × acionista. Quem não tem essa consciência, não deve abrir o capital. Lord Watkinson (1973), em entrevista publicada pelo *Journal of General Management*, relata seu trabalho como *chairman* do Company Affairs (Committee of Confederation of British Industry), sob o título "*A code of practice for corporate responsibilities*" e precursor do Cadbury Report, que é certamente uma referência da governança corporativa mundial, à frente do seu tempo.

Cabe destacar a importância do Brasil, que foi um dos primeiros a adotar padrões internacionais de contabilidade e auditoria, mantendo padrões de regulação, adequados à manutenção de mercados seguros, eficientes e equitativos. Pôde assim, promover um intercâmbio de informações e experiências necessárias ao desenvolvimento de mercados domésticos e um eficaz sistema de supervisão das transações internacionais nos mercados de capitais, como forma de aumentar o estoque de empresas com potencial para abrir seu capital e estimular seus investidores.

O governo brasileiro, por meio do Banco Central, e a partir de 2010, com o apoio da CVM, tornou obrigatória a adoção do International Financial Reporting Standards (IFRS), o que, até agora, não foi integralmente adotado para os bancos.

O objetivo de contarmos com um sistema de contabilidade comum será alcançado? A superação, com a aceitação do sistema IFRS pela Securities Exchange Comission (SEC), estimula a pensar que tal possibilidade é viável. O Iasb e a Fasb estabeleceriam que, a partir de certo momento, as normas regulatórias seriam emitidas de forma conjunta. Regras contábeis universais terão impacto positivo no custo de capital.

Em outubro de 2017, 126 jurisdições exigiam o uso das Normas IFRS, na maioria das empresas nacionais listadas, enquanto outras 12 permitiam seu uso. A partir de 2019, 17 países, predominantemente africanos francófonos, adotarão os padrões. Isso elevará o número de adotantes para 144, o equivalente a 87% do total de jurisdições.

6. Perfil do investidor

Alguns historiadores acreditam que o brasileiro tem muito da cultura patrimonialista de seus ancestrais portugueses, muito ligados à segurança atribuída ao investimento imobiliário. Nos EUA, investidores preferencialmente optaram por alugar a comprar, dependendo evidentemente dos prazos disponíveis e das taxas prevalecentes. No mercado americano, uma família padrão tem uma parte de sua poupança investida em ações. A compra de imóveis nos Estados Unidos ganhou outra dimensão quando os prazos começaram a se estender para 30 anos. Desse modo, o potencial comprador passou a comparar o custo do financiamento com o custo do aluguel, e essa situação veio a favorecer um *boom* imobiliário naquele país e que mais tarde teve consequências desastrosas (2008).

No Brasil, esse raciocínio não prevaleceu. Muitas pessoas tiveram o valor de seus investimentos depreciados. Verifique-se o exemplo dos barões de café de São Paulo. Famílias proprietárias de imóveis tiveram grandes perdas, pois possuíam imóveis que se desvalorizaram, tornando-se, na prática, invendáveis e, se estavam alugados, não conseguiam despejar inquilinos inadimplentes ou receber aluguéis corrigidos. O período a que me refiro abrange desde a época dos mencionados barões até anos mais recentes, quando o mercado mobiliário, apesar de novo, apresentava fatores motivadores para o investidor, sendo compensador arriscar não investindo todo seu excedente somente em imóveis.

A exemplo do mercado de ações, no início da nova década, o mercado imobiliário mostrou também grande volatilidade, chegando mesmo a ter

PERFIL DO INVESTIDOR

períodos de altas desenfreadas, característica de uma bolha especulativa, que levou as empresas do setor a enfrentar uma posterior grande crise de liquidez.

Quando o objetivo é maior rentabilidade, a liquidez pode ser colocada em segundo plano ou, se se quer mais segurança, pode-se preocupar mais com a liquidez. Se o que se busca é maior liquidez, sacrifica-se a rentabilidade de longo prazo, mas com ganho de segurança. Esse é o tripé que o investidor deve considerar, embora nem sempre possa enxergá-lo com clareza.

7. Mercado expande a partir de meados dos anos 1960

Até 1964, o Estado era o grande investidor e fomentador da economia e orientador dos investimentos. Empresas como Companhia Siderúrgica Nacional (CSN), Vale do Rio Doce (hoje Vale), Petrobras e Eletrobras foram criadas com participação estatal. Depois de 1964, com o regime militar, a presença do Estado foi marcante. As empresas petroquímicas foram criadas quase sempre tendo 1/3 nas mãos do Estado como investidor. Não havendo mercado organizado, faltava acesso a fontes de capital no exterior, e os empréstimos eram concentrados no curto prazo.

Com a revolução, vem uma ideia diferente, que poderia ser resumida no pensamento de Roberto Campos e Otávio Gouveia de Bulhões: "Precisamos criar uma sociedade na qual, efetivamente, a alocação de capitais seja dirigida não por um grupo de burocratas sentados em um órgão governamental e sim por uma sociedade que decida para onde irão esses recursos" (apud Costa, 2006:44).

Além de Bulhões e Roberto Campos, Mário Henrique Simonsen, que em 1979 tornou-se ministro da Fazenda e tinha sido consultor da Bolsa de Valores, foi também um grande defensor do mercado ativo. Eles, entre outros, propuseram mecanismos para a ampliação da formação da poupança e da sua alocação aos investimentos produtivos em médio e longo prazos.

No livro *The economy of Brazil*, editado por Howard S. Ellis em 1969, consta a contribuição de Mário Henrique Simonsen, o qual chama atenção para aspectos referentes ao mercado de ações × inflação. Vale citar:

Uns dos exemplos mais interessantes de como instituições brasileiras se adaptaram à inflação é fornecido pelo dinheiro e o mercado de capitais. Nos anos 1930, duas leis foram elaboradas, dominadas inteiramente pela ilusão do dinheiro, que se seguidas ao pé da letra durante os períodos de inflação, teriam virtualmente evitado o equilíbrio desses mercados. Tais leis nunca foram revogadas e persistiram como tabus difíceis de serem modificados; como resultado, diversos mecanismos improvisados foram desenvolvidos que trataram mais ou menos de equilibrar tais mercados. É interessante examinar como tais mecanismos se desenvolveram e as distorções que foram criadas pela inflação no sistema financeiro do país.

As duas leis tradicionais que poderiam ter evitado o ajuste do mercado financeiro à inflação foram promulgadas em 1933, durante o período da estabilidade monetária. A Lei da Usura impedia as taxas de juros superiores a 12% a.a. A cláusula de ouro proibia pagamentos contratuais que não fossem em moeda local e com seu valor legal. Era consenso geral que a Lei da Usura lidava com taxas de juros nominais (e não reais) e que a lei de ouro proibia qualquer compromisso com correção monetária. [Ellis, 1969:133]

O governo militar apoiou a ideia, inspirado, principalmente, na experiência norte-americana de um mercado de capitais ativo e dinâmico. No Brasil, tivemos influência europeia em muitos aspectos do nosso cotidiano, mas, do ponto de vista da atividade financeira, a norte-americana prevaleceu.

No modelo vigente a partir de 1964, criaram-se instituições voltadas exclusivamente ao mercado de capitais. As corretoras de valores, que até então eram hereditárias, foram transformadas em sociedades corretoras com maior responsabilidade operacional e papel relevante na distribuição de títulos. Interessante que, a partir da segunda década do século XX, os corretores em sua maioria (60%) haviam sido prepostos. Esse cargo era ocupado por um membro da família do corretor, geralmente filho, neto, sobrinho ou irmão mais novo. O preposto podia representar o corretor em todas as atividades de bolsa. O preposto-sucessor era, em caso de morte do corretor, herdeiro da patente, sendo imediatamente referendado pelo presidente da República. Desde 1950, eram comuns escritórios de corretagem nos quais o corretor empregava seus filhos, primos, irmãos e sobrinhos num esboço do que seriam algumas sociedades corretoras atuais. Essa estrutura estava superada!

Também foram criadas empresas de crédito imobiliário, bancos de investimento, distribuidoras de títulos e valores mobiliários etc. Às seguradoras foi liberada a possibilidade de serem investidoras no mercado de valores mobiliários. Até então não havia distribuidoras de valores mobiliários nem bancos de investimento.

Entra em vigor, em 1º de abril de 1965, a Lei nº 4.595 (reforma bancária) que criou o Conselho Monetário Nacional e o Banco Central do Brasil, que nasceu com característica de órgão independente, substituindo a Superintendência da Moeda e do Crédito (Sumoc) em suas funções normativas. Nesse cenário, foi assinada, em julho de 1965, a Lei do Mercado de Capitais (Lei nº 4.728) com inovações já comentadas, como a criação dos bancos de investimento e de desenvolvimento, as corretoras e distribuidoras de valores, as sociedades de investimento, os depósitos a prazo, com e sem emissão de certificados, a previsão legal de emissão de debêntures conversíveis em ações, com cláusula de correção monetária, e ainda a instituição das comissões consultivas do Conselho Monetário Nacional.

Do outro lado, um Estado altamente endividado como o Brasil, onde o sistema financeiro sempre teve o conforto de aplicar em papéis do Estado, levou as instituições bancárias a se ajustar a essa realidade.

A criação do Instituto Brasileiro de Governança Corporativa (IBGC), em 1995, contribuiu fortemente para a evolução dos conceitos e das práticas nas empresas brasileiras.

Após a edição da Lei nº 4.728, ocorreu crescimento expressivo no mercado de ações de forma induzida pelos incentivos fiscais. Entre eles, vale lembrar:

a) isenção de imposto na fonte dos dividendos pagos pelas sociedades anônimas de capital aberto às ações nominativas ou ao portador, quando identificadas;

b) isenção de imposto de renda das distribuições de resultados tributáveis feitas pelos fundos em condomínio e sociedades de investimentos até o limite de Cr$ 200 mil anuais;

c) permissão para descontar da renda bruta das pessoas físicas até 30% das aplicações feitas em obrigações reajustáveis do Tesouro Nacional e de subscrições de ações nominativas de sociedades anônimas de capital aberto; e na porcentagem de 15% das importâncias líquidas efetivamente pagas para a aquisição de cotas ou certificados de participação de fundos em condomínio ou ações de sociedade de investimentos criadas na lei.

Entre os novos instrumentos colocados à disposição das empresas e dos investidores, registraria:

a) bancos privados de investimento, empresas de crédito imobiliário etc.;
b) debêntures reajustáveis e conversíveis em ações;
c) emissão de ações acima do valor nominal até então proibidas pelo conceito fiscal vigente, que considerava o ágio lucro da empresa;
d) sociedades anônimas de capital autorizado, sem vinculação com o capital subscrito da sociedade;
e) fundos de investimento sob a forma de sociedade anônima de capital autorizado com as mesmas características fiscais dos fundos existentes, que operavam sob a forma condominial;
f) ações nominativas endossáveis;
g) consórcios para garantia de subscrição de aumentos de capital de sociedades anônimas (*underwritings*);
h) transformação de corretoras de valores que eram hereditárias em sociedades corretoras com maior responsabilidade operacional e importante papel na distribuição de títulos e, também, permissão para que seus títulos de propriedade pudessem ser negociados livremente;
i) obrigações reajustáveis com prazo de um ano, para mobilizar recursos para o governo;
j) possibilidade de compra de ações para manter em tesouraria;
k) emissão de bônus de subscrição;
l) outorga de opção de compra de ações para administradores.

O ano de 1965 marcou no mercado de capitais o retorno do título público como opção para os investidores.

Eram conhecidas as razões pelas quais naquela ocasião o título público no Brasil não despertava a atenção dos investidores: o mau serviço da dívida pública com a conhecida impontualidade no pagamento de juros e de resgates nas épocas devidas, e, de outro lado, a insuficiência de rendimentos. Os certificados eram mais valiosos como peça para colecionadores. A correção monetária passou a ser um atrativo, e criou uma nova demanda para os títulos.

Os fundos 157, criados pelo Decreto-Lei nº 157, de 10 de fevereiro de 1967, possibilitaram que pessoas físicas aplicassem 10% de seu imposto de renda na aquisição de ações de empresas que atendessem certos requisitos. A partir de 1968, com a edição do Decreto-Lei nº 403, o percentual foi modificado, chegando a atingir 12% para as pessoas físicas antes de ser eliminado.

As regras para aquisição de ações foram posteriormente alteradas. O decreto estabelecia que dois terços dos fundos deveriam ser direcionados para novas emissões e um terço para ações já negociadas nas bolsas. Com o advento da Resolução nº 146, de 8 de maio de 1970, tais proporções foram invertidas. O acréscimo de 74% do volume negociado na Bolsa de Valores do Rio de Janeiro e de 83% no da Bolsa de Valores de São Paulo foi atribuído aos fundos 157. Apesar disso, é questionável se tais fundos conseguiram êxito na implantação de um verdadeiro mercado de capitais no país.

Nessa fase, uma série de instituições teve papel relevante no lançamento de ações no Brasil (BIB, Halles, Ypiranga, corretores: Marcello Leite Barbosa, Geraldo Correa, Bozano, Corretora Ney Carvalho, Grupo Geyer/Soares Sampaio/BUC, Denasa, Investbanco e muitas outras que hoje não mais existem). Diversos empreendimentos foram viabilizados por meio de captação de recursos do público investidor, mediante ofertas públicas de ações, algumas de qualidade bastante discutível.

O lançamento mais destacado, tanto pela sua dimensão quanto pela sofisticação da estrutura financeira, foi o da União das Indústrias Petroquímicas (Unipar), que coincidiu com o nascimento da indústria petroquímica no Brasil. Os grupos Moreira Salles e Soares Sampaio associaram-se e criaram uma *holding* com participações naquele setor. Estavam em andamento vários projetos e uma única empresa operativa, a Carbocloro. Discutindo o possível lançamento por meio do Banco de Investimento do Brasil (BIB), no qual eu respondia pela vice-presidência do mercado de capitais, tivemos como nosso interlocutor o advogado Bulhões Pedreira, conselheiro da Unipar, que mais tarde veio a ser um dos autores da reforma da Lei das S/A. Reuníamo-nos em seu apartamento no Leme. Concluímos que abrir o capital sob a forma de ações não seria recomendável pois as empresas ainda não eram operativas. Bulhões Pedreira recomendou lançarmos obrigações reajustáveis com um bônus de subscrição que, a qualquer momento, a critério dos investidores, poderia ser destacado e usado para conversão em ações quando os projetos fossem instalados. Com isso, teríamos um título de dívida acoplado a uma ação em potencial. A Unipar continuou negociada em bolsa, porém, foi anunciado que seus atuais controladores pretendem fechar seu capital.

Não foi fácil vender esse conceito para um mercado nada sofisticado. Alguns grandes bancos não foram receptivos e ficaram de fora da distribuição. Lembro-me da visita que fizemos a Amador Aguiar (Bradesco) e a Theodoro Quartim Barbosa (Comind), que não se interessaram e não acreditaram no sucesso. Depois de um mês de intensa atividade, com campanhas publicitárias (rádio, TV e jornais), conseguimos formar o consórcio com US$ 10 milhões. Na época, sucesso absoluto! Seu objetivo era criar instituições e novos títulos que aproximassem o investidor do mercado mobiliário.

A partir disso, reapareceram as debêntures, sob a forma de obrigações reajustáveis, pois, com a inflação, os títulos de renda fixa sem correção haviam ficado totalmente desprestigiados. Tínhamos em mãos novos instrumentos, estimulando assim o aparecimento de novas instituições. Nessa linha, cabe uma referência à criação do Sistema Financeiro da Habitação (SFH); do Sistema de Poupança e Empréstimo (SPE); do Banco Nacional de Habitação (BNH) e ainda a instituição do Fundo de Garantia do Tempo de Serviço (FGTS), que viria a pôr termo à estabilidade no emprego. Surgem então as companhias de crédito imobiliário. O FGTS veio desempenhar papel importante na alocação da poupança compulsória privada, gerido e administrado por um conselho curador.

O conselho era um colegiado tripartite composto por entidades representativas dos trabalhadores, dos empregadores e representantes do governo federal.

Houve então a popularização de uma forma de aplicação que veio ocupar espaço da maior importância junto ao público investidor brasileiro: *a caderneta de poupança*.

O conceito de poupança havia sido criado juntamente com a Caixa Econômica Federal, por meio do Decreto nº 2.723, de 12 de janeiro de 1861, que autorizou a "criação de uma Caixa Econômica que tem por fim receber a juro de 6% as pequenas economias das classes menos abastadas, e de assegurar, sob garantia do Governo Imperial, a fiel restituição do que pertencer a cada contribuinte, quando este o reclamar". Vejam como veio de longa data a proteção da poupança pelo governo.

Vários dispositivos legais promoveram algum tipo de mudança no sistema. A alteração mais significativa foi introduzida pela Lei nº 4.380, de 21 de agosto de 1964, que instituiu a correção monetária para tais depósitos. Assim, além da remuneração anual de 6%, os valores depositados passaram a ser atualizados mensalmente pela correção monetária conforme índices definidos pelo Banco Central do Brasil, o que lhe proporcionou grande atrativo. No entanto, a correção monetária, defendida pelo professor Bulhões, que criava condições competitivas aos títulos do governo buscando atrair investidores, acabou se alastrando para diferentes atividades. O que foi visto como solução transitória transformou-se em um sério problema, permitindo uma convivência com a inflação, mas trazendo também consequências negativas.

Empresário diz que ninguém cresce com caderneta e propõe audácia às empresas

São Paulo – Ao defender a maior participação do empresário brasileiro em companhias de capital de risco (*venture capital*), o presidente da Brasilpar, Roberto Teixeira da Costa, considerou: "Não teremos uma economia forte com todo mundo só aplicando em caderneta de poupança. Precisamos gerar novos empregos e o empresário deve arriscar mais no desenvolvimento de novas tecnologias, principal mecanismo para aumentar a oferta de trabalho".

Embora concorde com as altas taxas de juros e a queda no ritmo da atividade industrial, formam um quadro adverso para novos investimentos, o ex-presidente da CVM, que há quatro meses estuda a experiência norte-americana em companhias de capital de risco, garantiu que existe mercado no país para esse tipo de sociedade.

VENTURE CAPITAL

Argumentou o sr. Roberto Teixeira da Costa ser surpreendente o índice de desenvolvimento de projetos tecnológicos no Brasil, cuja viabilização só depende de maior participação dos empresários. Explicou que nos Estados Unidos existem 400 empresas aproximadamente atuando no setor. Elas subscrevem ações ou financiam empresas de pequeno e médio porte.

O ex-presidente da CVM informou também, que nas companhias de capital de risco, os participantes não tomam posições majoritárias (exceto no Canadá), e a presença dos investidores, pessoa física ou jurídica, tem um ciclo de vida de sete a dez anos, divididos em três fases: na primeira os recursos são utilizados para que a empresa vença os obstáculos mais difíceis; na segunda, é feita a preparação para obtenção da liquidez e, por último, obtida a liquidez e esgotado o prazo, é feito o rateio do lucro aos participantes e extinta a sociedade. A taxa de retorno dessas sociedades nos Estados Unidos atinge até 40%.

Jornal do Brasil, 28 ago. 1981

A caderneta de poupança não oferecia rendimento maior do que outras aplicações financeiras, mas era procurada pelo pequeno investidor, porque exigia menor limite mínimo de depósito, oferecendo maior segurança e proteção dentro de limites preestabelecidos, e bem mais fácil de assimilar.

Com a inflação atingindo níveis crescentes, e sendo sentido seu maior impacto, o aparecimento desse instrumento veio ocupar um nicho de mercado da maior relevância, mesmo para os aplicadores de maior renda.

Muitos enxergavam a aplicação nas cadernetas de poupança como a formação de um pecúlio para seu futuro, ou mesmo uma garantia para seus herdeiros.

Rapidamente tornou-se canal importante para instituições financeiras, principalmente bancos comerciais, quer diretamente ou por meio de instituições especialmente criadas para tal finalidade, que passaram a agressivamente oferecer esse produto aos seus correntistas e clientes. Os recursos da caderneta de poupança eram utilizados basicamente para o financiamento imobiliário.

Em determinados momentos, as bolsas, preocupadas com esse crescimento vertiginoso que desviava recursos do mercado de capitais, fizeram campanhas alertando para os riscos da concentração em cadernetas de poupança e o espaço que passaram a preencher na alocação de recursos dos detentores de excedentes financeiros.

Após várias tentativas frustradas, e com a inflação sob controle (Plano Real), tivemos maior sofisticação nos mercados financeiros e de capitais. Os depósitos em cadernetas perderam espaço relativo, principalmente mediante a concorrência de Certificados de Depósitos Bancários (CDBs), títulos indexados em dólar e uma enorme diversidade de fundos mútuos de investimento, oferecendo toda sorte de opções aos investidores.

No entanto, a caderneta continuou com seus fiéis seguidores, que a consideravam mais segura sob todos os aspectos, com menos rentabilidade, mas contando com liquidez e garantia. Em passado mais recente, ela vem perdendo espaço para títulos do governo e títulos privados.

Importante mencionar o Plano Collor, lançado em 1990, que era oficialmente chamado Plano Brasil Novo. Combinava liberação fiscal e financeira com medidas radicais para estabilização da inflação. As principais medidas de estabilização da inflação foram acompanhadas de programas de reforma de comércio externo, a Política Industrial e de Comércio Exterior, mais conhecida como Pice, e um programa de privatização intitulado Programa Nacional de Desestatização, mais conhecido como PND.

A teoria do plano econômico foi desenvolvida pelo economista Antônio Kandir. O plano efetivamente implementado foi desenvolvido pelos economistas Zélia Cardoso de Mello, Antônio Kandir, Ibrahim Eris, Venilton Tadini, Luís Otávio da Motta Veiga, Eduardo Teixeira e João Maia.

Os principais pontos do referido plano eram:

- privatização de estatais brasileiras com histórico de prejuízo;
- troca da moeda cruzado novo pelo cruzeiro, sem mudança de zeros (ou seja, um cruzado novo valia um cruzeiro);
- expansão do IOF para aumentar arrecadação do governo;
- congelamento de preços e salários;
- eliminação de uma série de incentivos fiscais para empresas do Norte e Nordeste;
- indexação de impostos de acordo com inflação;
- aumento do preço de serviços públicos como correio etc.;
- liberação do câmbio para promover a importação;
- enxugamento da máquina pública com a demissão de funcionários públicos e extinção de órgãos;
- congelamento do saldo das cadernetas de poupança com saldo de mais de NCz$ 50 mil (cruzado novo).

Com o congelamento dos ativos, as cadernetas, assim como outros ativos, passaram por dificuldades,mas depois se recuperaram.

Importante mencionar a iniciativa de criação do Programa de Ação Econômica do Governo (Paeg) pelo professor Roberto Campos, que foi o primeiro plano econômico do governo brasileiro após o golpe civil-militar de 1964. O programa contou com a colaboração de outros economistas de renome, como Otávio Gouveia de Bulhões e Mário Henrique Simonsen. Bulhões foi o baluarte do rigor fiscal, bem como do realismo cambial e tarifário. Simonsen concebeu a estratégia de combate à inflação, imposta a partir de meados de 1965, que a debelou rapidamente. Mas Campos, na condição de ministro do Planejamento, foi o maestro daquela afinadíssima orquestra. O Paeg foi o mais coerente e abrangente plano de desenvolvimento implantado no Brasil desde o

Descobrimento. De caráter liberal, o programa foi implantado num país cuja economia se encontrava estagnada, com inflação crescente, elevado déficit público, tarifas públicas desfasadíssimas, crise cambial e até atrasados comerciais.

No chamado "milagre brasileiro", período entre 1968 e 1974, o PIB cresceu 10% ao ano, com inflação razoavelmente controlada em torno de 20% ao ano. A expressão "milagre brasileiro" era muito enganosa, pois não houve milagre algum, mas a merecida colheita dos frutos semeados pelo Paeg. Boa parte dessas reformas foi posteriormente desfeita por sucessivos governos que sucumbiram aos grupos de pressão à esquerda e à direita, para infelicidade dos verdadeiramente pobres do país.

Nos anos 1970-1971, o mercado de capitais passou por uma febre ou corrida pelos papéis de renda variável com o estímulo e a autorização para que os bancos investissem em renda variável. Trataremos desse tema em um capítulo separado.

Inicialmente, o governo não se envolveu diretamente com o que estava ocorrendo em bolsa, mas depois começou a usar o mercado de ações (valorização da bolsa) como fator de mudança do país, resolvendo pegar uma carona nesse surto de crescimento. Passou a fazer propaganda como sendo parte do "BRASIL GRANDE: Ame-o ou Deixe-o!". Lembro que em 1970 o Brasil foi campeão mundial de futebol.

Lembro-me da pressão exercida pelos gerentes do Unibanco para que vendêssemos cotas de fundos Crescinco e Condomínio Deltec por meio da rede bancária. Pessoalmente, relutava, pois não achava que seus gerentes estivessem preparados para alertar sobre os riscos. No entanto, a pressão foi tão grande que acabei concordando.

A partir do momento em que apareceram os sintomas de que a euforia havia terminado, a atitude do governo foi questionada. As autoridades optaram por intervir, interferindo no processo de formação de preço das ações. Isso quando o mercado já dava claros sinais de que estava caminhando para um forte ajuste devido à grande distorção verificada nos anos anteriores. Os fundos de investimento eram os únicos investidores no mercado com visão institucional que recebiam a maior poupança individual. Mas quando da reversão da tendência, houve o resgate de cotas superando novas entradas, tornaram-se vendedores para dar liquidez a seus aplicadores, acelerando assim a tendência de baixa.

VALEU A PENA!

Uma das características do fundo de investimento aberto é a faculdade de oferecer ao investidor liquidez para suas cotas no fundo. A liquidez é obtida usando o caixa disponível ou vendendo parte do patrimônio do fundo. Quando os sintomas de desconfiança no mercado surgem, aceleram-se também os resgates, que nesse momento passam a superar as vendas de novas cotas.

Em 1966, a Deltec e o Ibec associaram-se ao Banco Moreira Salles. A eles também se juntaram a Brascan e a Icomi (dr. Azevedo Antunes) e foi criado o Banco de Investimento do Brasil (BIB), que se destacou como coordenador líder de emissões de capital (IPOs) a partir de 1967. Mais tarde, quando prevaleceram os chamados conglomerados financeiros (bancos universais), o BIB transformou-se em Unibanco.

Os bancos de investimento surgiram a partir de 1965 quando da aprovação da Lei do Mercado de Capitais, que viabilizou a existência desse tipo de instituição. Mais adiante vamos voltar à Lei nº 4.728.

Com novas responsabilidades, ampliamos substancialmente nosso Conselho Consultivo, que em 1976 tinha a seguinte composição, bem como as empresas às quais os conselheiros estavam ligados:

- Paulo Reis de Magalhães — Rhodia;
- Humberto Monteiro da Cunha — Fundação Ford;
- Mario Toledo de Moraes — Melhoramentos de São Paulo;
- Lucien MarcMoser — Credit Suisse;
- Manoel da Costa Santos — Arno;
- Jorge de Souza Rezende — Máquinas Piratininga;
- Guaracy Adiron Ribeiro — Aços Anhanguera;
- Ermelino Matarazzo — Indústrias Matarazzo;
- Horácio Coimbra — Cacique Café Solúvel;
- Juracy Montenegro Magalhães — Grupo Monteiro Aranha;
- Júlio Zadrozny — Artex;
- Hans Dieter Schmidt — Fundição Tupy;
- Plinio Gilberto Kroeff — Hercules — Zivi;
- Hélio Pentagna Guimarães — Magnesita;
- Jorge Gerdau Johannpeter — Siderúrgica Riograndense;
- Raul Freitas de Oliveira — Lojas Americanas;
- Erik de Carvalho — Varig;

- J. Murillo Valle Mendes — Mendes Jr.;
- Claudio Bardella — Bardella;
- Paulo D. Villares — Aços e Indústria Villares;
- Renato da Costa Lima — Agroceres.

Representavam importantes segmentos da indústria brasileira.

Nas reuniões participavam o presidente do Unibanco, embaixador Walther Moreira Salles, e diretores ligados ao mercado de capitais na área do BIB.

Tivemos momentos difíceis quando o mercado mostrava condições de total descontrole com as ações negociadas a preços absurdos e que não guardavam qualquer sintonia com a realidade. Nos momentos de euforia desenfreada, tive dificuldade de explicar ao conselho a razão pela qual não mais estávamos 100% investindo em ações. Para eles, a imagem que tinham de nós, gestores, era de que estávamos defasados, não ajustados à nova realidade e que os conceitos que nos orientavam estavam superados, distanciados de uma nova realidade. Mais tarde, foi constatado que estávamos certos, mas foi difícil vencer aquela fase porque éramos vistos com desconfiança, com uma visão de que éramos excessivamente conservadores. Olhando retrospectivamente, lamento não ter sido mais agressivo na formação de uma liquidez mais robusta para enfrentar os dias mais difíceis que se seguiram.

Como gestor do Fundo Crescinco, recebi um telefonema do ministro Delfim Netto, que me perguntou: "Por que você está derrubando o mercado?"; respondi muito nervoso, já que ele era considerado o czar da economia: "Ministro, desculpe, mas sou um gestor de fundos e faço aquilo que os cotistas determinam. Estou enfrentando um problema de resgates maiores que as novas vendas e, por isso, sou obrigado a vender". E ele me respondeu: "Ah, vamos ver isso".

A partir de então o governo pôs em prática um mecanismo no qual a Caixa Econômica passou a comprar cotas de fundos para que funcionassem como um mecanismo de sustentação, já que os fundos estavam com resgates líquidos. Achavam que o processo de correção seria transitório e que o mercado retomaria seu crescimento! Não estavam conscientes das distorções que estavam ocorrendo e da existência de um forte processo de reversão de expectativas. Como se constatou posteriormente, não foi possível suportar um mercado que buscava um novo ponto de equilíbrio, o que implicou uma fase dramática para a bolsa.

A Gerência do Mercado de Capitais (Gemec) do Banco Central estava habilitada para cuidar da matéria, mas tinha que simultaneamente olhar os fundos de investimento, as emissões de ações e seu registro, a atuação das corretoras, a fiscalização das operações de fundos de investimento em bolsa, ou seja, tinha uma gama enorme de funções. Não podia desempenhá-las a contento com uma equipe reduzida, lembrando ainda o papel mais importante do Banco Central que seria o de guardião da moeda e do acompanhamento das instituições financeiras.

O conceito da especialização em que se separavam as funções das instituições no mercado — banco comercial, bancos de investimento, financeiros, corretoras de valores mobiliários, distribuidoras e agentes autônomos — acabou sendo *superado* com a formação dos conglomerados financeiros, nos quais os acionistas do capital das diferentes instituições eram os mesmos. Os chamados bancos múltiplos (1988) consolidaram-se em uma única instituição completa, atuando em diferentes áreas e modalidades de operações financeiras.

Em passado mais recente, mais precisamente em 2003, tivemos uma reversão quando o Itaú comprou a maioria do capital do BBA, que vinha se destacando como um dos mais ativos bancos de investimento. Criou-se então o Itaú BBA, sob o conceito de especialização em operações do mercado de capitais, fusões e aquisições e estruturação do funcionamento para grandes projetos. Desde então, o Itaú BBA vem mantendo postura agressiva, concorrendo eficazmente com bancos de investimento estrangeiros que atuam no Brasil.

Do ponto de vista estratégico, essa foi a resposta do Banco Itaú à dominação em operações de bancos de investimento pelo Credit Suisse, Garantia, JP Morgan e Unibanco (banco de atacado).

No início de 2006, o Bradesco recriou o Banco Bradesco de Investimento (BBI), repassando a ele integralmente todas as suas operações ligadas ao mercado de capitais. No mesmo ano, o Banco Pactual, um dos maiores na área de investimento e de grande projeção no âmbito do mercado de capitais, foi comprado pelo UBS, e mais tarde recomprado, tornando-se o atual BTG. Outro banco de investimentos foi o Banco Fator, que teve participação efetiva no processo de privatização no governo Fernando Henrique Cardoso.

Esse conceito de banco de investimento independente foi fundamental para que tivessem maior flexibilidade no mercado e pudessem atrair e remunerar seus profissionais de forma mais competitiva.

8. Plano Real — trajetória inicial e o retorno da confiança em nossa moeda

Iniciaria com a seguinte definição:

O Plano Real foi um programa brasileiro com o objetivo de estabilização e reformas econômicas, iniciado em 27 de fevereiro de 1994 com a publicação da Medida Provisória nº 434. Tal medida provisória instituiu a Unidade Real de Valor (URV), estabeleceu regras de conversão e uso de valores monetários, iniciou a desindexação da economia, e determinou o lançamento de uma nova moeda, o real.

O programa foi a mais ampla medida econômica já realizada no Brasil e tinha como objetivo principal o controle da hiperinflação que ameaçava o país. Utilizavam-se de diversos instrumentos econômicos e políticos para a redução da inflação que chegou a 46,58% ao mês em junho de 1994, época do lançamento da nova moeda. A idealização do projeto, a elaboração das medidas do governo e a execução das reformas econômica e monetária contaram com a contribuição de vários economistas, reunidos pelo então ministro da Fazenda Fernando Henrique Cardoso.

O presidente Itamar Franco autorizou que os trabalhos se dessem de maneira irrestrita e na máxima extensão necessária para o êxito do plano, o que tornou o ministro da Fazenda o homem mais forte e poderoso de seu governo, e o seu candidato natural à sua sucessão. Assim, Fernando Henrique, que estivera à frente do ministério entre maio de 1993 e março de 1994, elegeu-se presidente do Brasil em outubro do mesmo ano.

O Plano Real mostrou-se nos meses e anos seguintes o plano de estabilização econômica mais eficaz da história, reduzindo a inflação (objetivo principal), ampliando o poder de compra da população, e remodelando os setores econômicos nacionais.[4]

Quais razões poderiam explicar o sucesso inicial do Plano Real? Curiosamente, ao contrário dos dois planos que representaram maior esforço para acabar com a inflação, respectivamente o Plano Cruzado e o Plano Collor, as reações ao Plano Real foram bem diferentes. Não houve a euforia artificial do primeiro e nem o trauma do segundo. A aceitação da sociedade em geral à troca do novo padrão monetário foi muito positiva (excedeu as expectativas) e a atitude dos consumidores foi a de forçar a baixa de preços e somente adquirir bens de consumo absolutamente essenciais, postergando-se outros consumos. A mídia desempenhou papel importante ao fazer um trabalho educativo, ainda em curso, insistindo na necessidade de pesquisar e barganhar preços.

Foi possível observar uma desindexação momentânea na economia, com reversão das expectativas.

A cesta básica, conforme indicações do Ministério da Fazenda, apontava em 9 de agosto uma redução de 5,6% em relação ao início de julho, quando da introdução do real.

O governo observou o sistema de preços sem intervenções diretas e preferiu municiar-se de instrumentos legais para prevenir práticas abusivas de formação de preços, ampliando a atuação de órgãos governamentais já existentes.

O balanço de pagamento no seu conceito mais amplo e a balança comercial não forneceram indicativos preocupantes. Ao contrário, observou-se a volta do investidor estrangeiro para as bolsas, uma vez superada a surpresa da valorização do real.

Os resultados da balança comercial no mês de julho de 1994 continuaram favoráveis. As exportações tiveram o seguinte comportamento:

	US$ bilhões		
	1994	1993	
Julho	3,7	3,4	+ 9,2%
Acumulado jan./jul.	23,9*	21,8	+ 9,2%

* cifra recorde

---

[4] Disponível em: <https://pt.wikipedia.org/wiki/Plano_Real>.

As bolsas reagiram favoravelmente ao Plano Real e mostraram uma valorização real de 25% (em dólares, 40%) entre 1º de julho e 8 de agosto, com o volume de negócios situando-se nas últimas duas semanas numa média de US$ 250 milhões por dia.

O aumento excessivo de demanda poderia pressionar preços. Teoricamente, houve uma margem para ajuste (queda) em função das remarcações efetuadas antes de julho. Até julho não houve tal sintoma. Porém, na primeira semana de agosto, houve forte reativação nas vendas, e demanda de crédito para consumo (três a quatro pagamentos).

Em relação à pressão do aumento de salários do funcionalismo público (isonomia entre os três poderes) sobre o Tesouro: as pressões traduziram-se em um reajuste parcelado até dezembro de 35% (de setembro a dezembro) para os militares e de 14,28% (em setembro e em dezembro) para os funcionários civis. As estimativas eram de gastos adicionais de US$ 700 milhões em 1994 e de US$ 3,2 bilhões em 1995 enquanto, pelo lado das receitas, ainda se desconhecia se os próprios efeitos do plano tinham sido positivos ou negativos.

O excesso de monetização pôde ter uma expansão da base monetária acima dos limites que foram autorizados na medida provisória do Plano Real. A expansão máxima prevista foi de R$ 7,5 bilhões. Havia o temor de que esse valor fosse atingido por alguns dias, o que forçou as autoridades monetárias a manter as taxas de juros em níveis elevados. O comportamento das taxas de juros mensais a partir de julho de 1994, quando entrou em funcionamento o novo padrão monetário, foi o seguinte (por semanas: dados relativos à taxa em vigor na quinta-feira):

8 jul.	8,25%
15 jul.	7,90%
21 jul.	7,00%
28 jul.	6,71%
4 ago.	4,32%

O sistema financeiro dedicou um grande empenho para ajustar-se à nova realidade de uma moeda estável. Não houve grande crise de liquidez, muito embora algumas instituições de pequeno porte tivessem apresentado problemas, o que obrigou o Banco Central a intervir. Com clima de maior estabilidade, o sistema financeiro retomou seu papel de agente de desenvolvimento. As maiores instituições financeiras privadas com boa gestão estavam em geral em situação de liquidez satisfatória. O problema maior parecia estar centrado nos bancos estaduais que, no entanto, eram monitorados pelo Banco Central.

O setor exportador foi evidentemente muito sensível à nova situação cambial, onde houve, após a introdução do real, uma valorização próxima a 10% da nova moeda em relação ao dólar. Assim, o setor exportador, que já se queixava por antecipação de uma provável situação de câmbio congelado por alguns meses à frente, teve que absorver esse impacto adicional. A curto prazo, pelos resultados da balança comercial de julho (que não refletiu os efeitos do Plano Real pela antecipação dos contratos de câmbio feitos nos meses anteriores), esse fato foi absorvido.

Concluindo, diria que o balanço do plano foi muito positivo. Destacaram-se a habilidade da equipe econômica em sinalizar aos agentes a inflação relevante pós-plano; a atuação da classe política, que em sua maioria se absteve de criticar o plano, o que se traduziu em baixa demanda por modificações na essência do programa; o baixo questionamento provindo do Judiciário; a absorção dos impactos da saída do BC do mercado de câmbio; a sinalização, por parte da equipe, quanto à necessidade de promover um alongamento do perfil das aplicações financeiras e quanto à convergência para o fim da zeragem automática e recuperação do redesconto; e o fato de, pela primeira vez nos últimos anos, um plano econômico ter reduzido a taxa de inflação sem recorrer a congelamento de preços.

A receptividade da sociedade à troca do padrão monetário e a expectativa de ter uma moeda estável excederam as expectativas.

Realmente, abriu-se uma nova fase no relacionamento dos mercados com instituições financeiras e empresas. A confiança na moeda foi fator fundamental para que o país voltasse a crescer de forma ordenada.

9. Bolsa de Valores — base do processo de criação de liquidez no Brasil

Com o objetivo de concentrar toda a negociação de ações do Brasil em um só ambiente, em 2000 a Bovespa liderou um programa de integração com as oito demais bolsas de valores brasileiras, passando a ser o único mercado de bolsa para transações de renda variável no Brasil acessado por sociedades corretoras de valores de todo o país.

Quando se fala no mercado de capitais, é fundamental a função das bolsas de valores. Por meio delas consegue-se buscar liquidez para as ações, condição *sine qua non* para o aplicador nesses títulos. Pode haver negociações diretas, mas sem as garantias de um mercado organizado.

a) *BM&FBovespa* — A mais importante bolsa do Brasil, da qual fizeram parte a Bolsa de Valores do Rio de Janeiro (BVRJ) e a Bolsa Brasileira de Mercadorias.

Em 28 de agosto de 2007, a desmutualização da Bovespa foi aprovada e os detentores de títulos patrimoniais da Bovespa e de ações da CBLC tornaram-se acionistas da Bovespa Holding. Em outubro de 2007, tiveram início as negociações de ações da Bovespa Holding no Novo Mercado sob o código BOVH3.

b) BVRJ — A primeira bolsa a ser fundada no Brasil, foi o maior mercado brasileiro até sua queda em 1989, provocada pelo investidor Naji Nahas, que fortemente alavancado por empréstimos bancários, juntamente com seus seguidores, comprou posições em papéis de grande liquidez em bolsa, atuando tanto no mercado à vista quanto no mercado a termo. Temia-se que o investidor fosse provocar um *corner* no mercado, em outras palavras, ser dono de posições tão relevantes que comandassem os preços em bolsa, além da posição relevante no capital das empresas. Proibido de operar em São Paulo, transferiu suas operações para o Rio. Mais tarde, com suas garantias estouradas junto aos bancos com os quais operava, emitiu cheque sem fundos equivalente a US$ 32 milhões na época, que levou o investidor a débâcle, como também as corretoras que o financiavam. Em consequência, a bolsa do Rio praticamente faliu e importantes corretoras ficaram insolventes. Mais tarde algumas desapareceram.

c) Bolsa Brasileira de Mercadorias (BBM) — Outra que fez parte da BM&FBovespa. Criada para ser um centro de agronegócios brasileiro, para realização de transações de produtos agropecuários e de outros bens e serviços, além de títulos representativos de operações com mercadorias e serviços, tais como cédulas de produto rural, entre outros.

Após a integração dos mercados, foram poucas as bolsas regionais que sobreviveram. Além da BVRJ e da Bolsa de Valores da Bahia, Sergipe e Alagoas (BVBSA), a Bolsa de Valores de Minas, Espírito Santo, Brasília (Bovmesb) mantiveram suas operações, englobando também os estados de Goiás, Mato Grosso do Sul, Rondônia e Tocantins. No entanto, o papel dessas instituições tornou-se secundário após a fusão operacional e a concentração das negociações dos valores mobiliários na BM&FBovespa. Hoje ela é considerada entre as mais bem equipadas do mundo, quer sob o aspecto de seu sistema operacional ou de custódia de títulos.

Em 8 de maio de 2008, foi realizada a integração das atividades da BM&F e da Bovespa Holding, por meio da incorporação das duas empresas pela Nova Bolsa S.A. Houve, então, a alteração da denominação social da Companhia de Nova Bolsa S.A. para BM&FBovespa S.A. — Bolsa de Valores, Mercadorias e Futuros, que já nasceu como uma das maiores bolsas do mundo, em termos de valor de mercado.

Em abril de 2016, a BM&FBovespa vendeu a totalidade de sua participação na CME Group, adquirida em 2010, à Bolsa de Chicago, em antecipação à necessidade de recursos para efetivar uma fusão com a Cetip — Central de

Custódia e de Liquidação Financeira de Títulos, que em março de 2017 foi oficializada com a criação do B3 (Brasil, Bolsa, Balcão).

Uma bolsa para os Brics?

Cogitou-se no passado a criação de um mercado de bolsa para todos os países do Bric. Consideramos que além de muito difícil do ponto de vista prático, seria problemático no que concerne aos investidores, tendo em vista as diferenças entre as economias e suas legislações.

Na América do Sul, tal iniciativa também foi considerada no final dos anos 1980, quando da criação do Conselho Empresarial da América Latina (Ceal), que seria a fusão das bolsas da Argentina, Brasil e México, mas surgiram obstáculos políticos e técnicos julgados inadequados.

A B3 tem participações minoritárias nas bolsas do México, Peru, Chile e Colômbia.

Em matéria publicada em maio de 2017, foi noticiada a intenção de participação da B3 no mercado argentino continua presente:

> *Las principales firmas reguladoras del mercado bursátil argentino iniciaron hoy su actividad de forma fusionada a los efectos de captar más fondos internacionales, informó Ernesto Allaria, el presidente de la nueva empresa, llamada Bolsas y Mercados Argentinos, ByMA, que adelantó que la bolsa de Brasil, Bovespa, podría comprar una participación en el nuevo mercado argentino. ByMA une a la Bolsa de Comercio y el Mercado de Valores de Buenos Aires con otras entidades similares del resto del país sudamericano.* [*El Cronista*, 23 maio 2017]

Rússia

A Bolsa de Valores de Moscou, ou Moscow Exchange (MoscowEx), foi fundada em 2011 por fusão das duas maiores bolsas de Moscou, a Moscow Interbank Currency Exchange e a Russian Trading System, as quais foram constituídas nos anos 1990 e foram as principais bolsas russas por duas décadas com o seu índice Micex e o índice RTS.

Índia

A Bolsa de Valores de Bombaim, ou Bombay Stock Exchange (BSE), foi a primeira bolsa de valores estabelecida na Ásia, em 1875. Mais de 5.500 companhias são registradas na BSE tornando-a a número 1 em termos de companhias listadas. Seu principal índice, que funciona como barômetro, é o BSE Sensex.

China

A Bolsa de Valores de Hong Kong, ou Hong Kong Stock Exchange (HKEx), é a segunda maior bolsa de valores da Ásia e Tóquio. A HKEx também é proprietária da London Metal Exchange (LME), no Reino Unido, e opera no mercado de ações e de futuros. A bolsa de Hong Kong é parceira em bolsas de Xangai e de Shenzhen na China Exchanges Services Company (Cesc), a qual é registrada e incorporada em Hong Kong, e objetiva contribuir para uma maior internacionalização dos mercados de capitais da China (HKEX, 2013). A Bolsa de Valores de Xangai, ou Shanghai Stock Exchange (SSE), foi fundada em 1990 e é uma instituição diretamente governada pela China Securities Regulatory Commission. As principais funções da SSE são: fomentar a negociação de valores mobiliários; formular regras de negócio; aceitar e organizar listagens de empresas; organizar e controlar as negociações de valores mobiliários; regular membros e sociedades cotadas; e gerir e disseminar informações sobre o mercado. A Bolsa de Valores de Shenzhen, ou Shenzhen Stock Exchange (SZSE), foi fundada em 1990 e é uma entidade legal autorregulada, sob a supervisão da China Securities Regulatory Commission, com a função de organizar, supervisionar e executar a negociação de títulos mobiliários.

10. Antecedentes à criação da Comissão de Valores Mobiliários (CVM)

Como analisamos em páginas anteriores, o grande surto especulativo que prevaleceu a partir de 1967 teve como consequência uma corrida desenfreada em que todos queriam participar no mercado de ações de qualquer maneira, sem qualquer orientação técnica e sem um mecanismo neutralizador que pudesse coibir excessos. Nesse período, houve uma verdadeira febre especulativa e todos contavam ficar milionários investindo no mercado de ações. Ficou evidente que os detentores desses recursos não avaliavam os riscos assumidos, sem informações confiáveis sobre as ações oferecidas para tomar decisões sensatas. Compravam sempre esperando rápida valorização! Os dividendos não eram levados em consideração! A procura por lançamentos era simplesmente frenética e até recibos de subscrição eram negociados em bolsa ou no balcão. Tornou-se famosa a frase de uma lavadeira premiada pela loteria que, indagada sobre onde iria aplicar o dinheiro, respondeu: "Vou aplicar nessa tal de bolsa".

Assim, a partir de 1970, os mercados iniciaram um processo de desgaste com substanciais perdas para os investidores. Foi um período de grande retrocesso, criando uma enorme bolha. Nesse sentido, vale a pena consultar o livro editado por Ney Carvalho (2015) sobre a bolsa de 1971, que prefaciei, onde está muito bem detalhada a triste experiência que então vivenciamos. Uma exuberância irracional! O sistema não estava preparado para um fluxo descontrolado de recursos basicamente de pessoas físicas que, em massa, entraram na bolsa em um mercado que comprava o que lhes era oferecido sem nenhuma análise técnica. Recomendo a leitura da entrevista do Delfim Netto sobre esse tema (Barcellos, 2010:70).

Vale lembrar as condições então prevalecentes:

- regulação precária ou inexistente;
- intermediários financeiros despreparados;
- *disclosure* insuficiente;
- prospectos pouco ou nada informativos;
- emissões colocadas superavam valores registrados;
- IPOs privilegiavam *insiders* e aqueles que tinham ligações com emissores/distribuidores;
- investidores desinformados quanto aos riscos assumidos;
- expectativa na valorização imediata;
- legislação societária desatualizada.

Os intermediários existentes estavam despreparados para oferecer um retrato realista do mercado de ações e exercer a fiscalização, seja dos próprios corretores, bancos de investimento, ou das próprias autoridades, já que as informações a que tinham acesso eram precárias e totalmente insatisfatórias. Os prospectos e os folhetos de emissão eram meras peças decorativas. No momento de euforia, todos entraram comprando, mas com a reversão de tendência, e quando os investidores individuais começaram a perceber que o mercado tinha duas mãos, iniciaram processo gradual e consistente de vendas, cujos efeitos se fizeram sentir por muitos anos, com a bolsa despencando.

Para uma empresa ir a público, era necessário tão somente que efetuasse um registro da emissão que consistia em informações muito básicas, que não eram atestadas por terceiros, e às quais não se dava a relevância devida. Vale registrar que tivemos casos de lançamentos que foram colocados quatro, cinco, 10 vezes mais do que havia sido previamente registrado. Então, era preciso ratear cotas e tudo era extremamente aleatório quando realizado! Por exemplo: alguém tinha um conhecido em uma instituição financeira que ia lançar ações e as comprava por 100, na certeza de que posteriormente estariam, no mínimo, a 150, quando chegassem à bolsa. Era acertar na mosca!

A crise prejudicou o trabalho até então feito na construção do mercado de capitais. Foram cinco anos seguidos de ressaca, paralisia, desgaste e descrédito, já que as perdas que muitos investidores sofreram foram expressivas. De repente, patrimônios viraram pó, e por muitos anos seus detentores não quiseram ouvir falar em ações.

No período de ressaca que sucedeu, e que durou alguns anos, o inventário desse segundo "encilhamento" das bolsas foi diagnosticado basicamente em quatro causas básicas:

a) a Lei das S/A (Decreto-Lei nº 2.627, de 1940) tinha se mostrado desatualizada em relação às novas necessidades do mercado. Era preciso atualizá-la não só para maior proteção aos acionistas minoritários como também para criar novos instrumentos societários que permitissem às empresas acessar a poupança para seus projetos;

b) apesar do esforço do Banco Central, por meio de seu departamento especializado, para estar à altura dos grandes desafios que o mercado de capitais exigia, ficara evidente a necessidade de haver entidade específica que se dedicasse exclusivamente à regulação do mercado e seu acompanhamento direto;

c) não se concretizou a fundamental existência de uma base de investidores institucionais para o mercado, que o utilizasse como instrumento de aplicação a longo prazo e que orientasse suas aplicações para remunerar seus investimentos, baseando-se no fluxo de rendas futuras e não na expectativa de valorização especulativa;

d) não houve a necessária abertura para investidores estrangeiros que aportassem um fluxo de recursos e, ao mesmo tempo, trouxessem maior sofisticação e experiência na análise para os profissionais do mercado.

11. Nasce a Comissão de Valores Mobiliários (CVM)

Como vimos, a crise gerou a necessidade da criação de uma entidade especializada destinada explicitamente a regular o mercado de capitais. Anteriormente, foi reformulada a Lei das S/A, que datava de 1940, e aprovada a Lei nº 6.404, de 15 de dezembro de 1976, que representou passo fundamental para o desenvolvimento das sociedades anônimas. A proposta do anteprojeto, subscrita por Alfredo Lamy Filho e José Luiz Bulhões Pedreira, transformou-se na referida lei depois de intenso debate no mercado e no Congresso Nacional. Como orientação geral teve, entre outros objetivos, a criação de um modelo de companhia adequado à organização e ao funcionamento da grande empresa privada, o que era requerido naquele estágio da economia. Recomendo a leitura da entrevista concedida por José Luiz Bulhões Pedreira,[5] um dos advogados que redigiu a nova lei corporativa em 1976.

Além disso, visou a definir o regime das companhias participantes do mercado — (companhias abertas) — e a contribuir para aumentar a confiança e o interesse do público investidor nas aplicações em valores mobiliários e, consequentemente, a reconstruir o mercado de ações. Pressupôs também o funcionamento de novo órgão federal, com amplos poderes para disciplinar e fiscalizar o mercado de valores mobiliários e as companhias abertas — a CVM —, objeto de outro anteprojeto submetido à apreciação do ministro da Fazenda, Mário Henrique Simonsen. Em referência à nova lei, merecem des-

---

[5] "Stones of the Brazilian capital market", p. 27-31.

taque a criação do dividendo obrigatório, a proteção aos minoritários e maior transparência nas informações da companhia, a obrigação de divulgação de fato relevante e a criação do conselho de administração obrigatório, em que os administradores não podiam ocupar mais de 1/3 dos assentos.

O primeiro esboço da lei me foi enviado em 14 de janeiro de 1973, por meio de uma correspondência assinada por Bulhões Pedreira. Foram assim mais de 18 meses de debate, o que considero um período razoável para a qualidade e a escala de modificações introduzidas nas diferentes audiências com variados públicos.

Aliás, quando se discutia o anteprojeto da Lei das Sociedades por Ações, que viria a se transformar na Lei nº 6.404/1976, o professor Alfredo Lamy e o doutor José Luiz Bulhões Pedreira elaboraram uma exposição de motivos que fizeram encaminhar ao ministro Mário Henrique Simonsen junto com o próprio projeto. Este, a seu turno, encaminhou o material ao presidente Geisel, que levou o processo para casa para estudá-lo. Ao final de cerca de duas semanas, convocou uma reunião com os coautores do anteprojeto, os ministros Simonsen e Reis Velloso, para que os coautores fizessem uma exposição de viva voz sobre as inovações do projeto. Feita a exposição, o ministro Velloso teria feito uma pergunta sobre certo tema, sendo a resposta comentada pelo presidente Geisel, dizendo: "Velloso, a resposta está no artigo tal. Você não leu o projeto?". Essa era uma característica do então presidente, ligado a detalhes e minúcias.

Em fevereiro de 1977, fui convidado pelo então ministro da Fazenda, Mário Henrique Simonsen, a ocupar o cargo de presidente da CVM. Durante um almoço em São Paulo, ele me disse: "Você vai estruturar a CVM". Receava não poder aceitar o convite devido à minha posição como vice-presidente do Unibanco. Preparei um *script* para justificar e apontar as razões segundo as quais entendia que não deveria aceitar o cargo. Ele ouviu atentamente o início, porém, quando virei a página para prosseguir a leitura, interrompeu--me dizendo: "Roberto, quando é que você começa?".

Não pude declinar do convite pois tinha experiência acumulada no mercado de ações: primeiro a Deltec, depois o Crescinco, a formação do BIB, com viagens ao exterior para promover o investimento externo em bolsa quando da abertura para o capital estrangeiro em 1975, forneciam um *background* para assumir a responsabilidade de criação do órgão regulador.

Durante um fim de semana em Itatiba, na fazenda de Pedro de Perna, comuniquei minha decisão ao doutor Walther Moreira Salles, presidente do conselho do Unibanco. Após meu relato, disse-me: "É obrigação de todo brasileiro, quando solicitado a dar uma contribuição para seu país, e sentindo-se capaz, não deixar de aceitar o convite. No entanto, lhe daria um conselho tão importante quanto aceitar o convite, é o de saber sair no momento certo", o que aliás segui à risca.

Doutor Walther, como eu o chamava, tinha uma forte apreciação pelos vinhos tintos, particularmente da região de Bordeaux. Tenho várias passagens do nosso relacionamento, mas a que relato se passou no Restaurante Ouro Verde, na avenida Atlântica, na época considerado uma das melhores cozinhas do Rio e onde ele era assíduo frequentador. Ao nos sentarmos para almoço, o *maître* aproximou-se e perguntou o que eu gostaria de beber. Como estava meio indisposto, pedi um suco de tomate. Doutor Walther questionou minha escolha, e fez questão de indicar que era uma bebida muito tóxica e que não me faria bem! "Vamos tomar um bom vinho e você se sentirá melhor." Dito e feito!

Desliguei-me de todas as atribuições e representações que mantinha no setor privado para dedicar-me integralmente à CVM. Aliás, esse foi o ponto fundamental em nossa política para funcionários, que sua participação fosse em tempo integral e de dedicação exclusiva.

Tempos depois, Simonsen levou-me para conhecer o presidente Ernesto Geisel, que assinou o decreto de minha nomeação. Disse-me apenas: "Olha, coisas que nascem tortas no Brasil são muito difíceis de consertar. Portanto, não faça concessões, e pratique o que é certo desde o início".

A Lei nº 6.385, que criou a CVM, não estipulava onde ela seria localizada. Quando tratei do assunto com Mário Henrique Simonsen, indiquei que São Paulo seria uma boa opção. Ele comentou que politicamente não teria condições de viabilizar essa possibilidade. Havia pressão para que fosse em Brasília. Ponderei que nesse caso seria melhor instalarmos no Rio, onde naquele momento a bolsa tinha sua maior presença. e onde também vários departamentos do Bacen estavam localizados, sem falar em alguns organismos oficiais, tal como o BNDES. E assim foi!

Mais tarde, Ary Oswaldo Mattos Filho, durante sua presidência (1990-1992), tentou articular a mudança da sede para Brasília. Ele entendia que a CVM deveria estar próxima do centro de poder. A transferência chegou a acontecer, mas na presidência de Tomas Tosta de Sá (governo Fernando Henrique Cardoso) ela voltou para o Rio.

Esse foi um período com os militares no poder. Tomei posse na CVM no governo de Ernesto Geisel e saí no de João Figueiredo, na gestão de Karlos Rischbieter como ministro da Fazenda. Tivemos total autonomia. A CVM tinha um assento reservado no Conselho Monetário Nacional (CMN), muito atuante na época, presidido por Mário Henrique Simonsen. Opinávamos, inclusive, sobre assuntos que não eram da competência direta da CVM. Em mais de uma ocasião votei contra propostas do próprio ministério, e ele, de forma alguma, manifestou contrariedade; ao contrário, elogiara minhas atitudes em diferentes situações.

A CVM foi criada como autarquia ligada ao Ministério da Fazenda, e eu despachava com o ministro regularmente. Foram raríssimos os contatos com o Congresso, e poucas vezes estive com o então ministro da Casa Civil, o poderoso Golbery do Couto e Silva. Francisco Dornelles, então procurador do Ministério da Fazenda, deu-nos integral apoio. Apesar de estar subordinado ao ministro da Fazenda, na prática, funcionávamos com total independência e sem interferência do governo militar.

Na época, indicações para cargos de chefia em empresas públicas ou autarquias deveriam passar necessariamente pelo crivo do Serviço Nacional de Informações (SNI), prática essa que muitos criticavam. Porém, olhando retrospectivamente, nos dias de hoje teria poupado muitos dissabores de indicações de pessoas que não passariam pelo rigor de uma análise apurada de sua ficha cadastral.

Tivemos de empreender grande esforço educativo pois havia muito desconhecimento sobre o papel que seria desempenhado pela CVM. Formei um colegiado com pessoas experientes e independentes. Quando falava que era presidente da CVM, era comum perguntarem: "CV o quê?". Ou mesmo na imprensa, muitas vezes saiu publicado "Comissão de Valores Imobiliários".

Tínhamos a preocupação de dividir com a imprensa os diferentes passos para a instalação da comissão.

Criamos uma estrutura enxuta e com pessoal motivado pelo desafio de relançar o mercado, inclusive com profissionais recebendo remuneração inferior à oferecida pelo setor privado. Escolhemos pessoas competentes, motivadas, definindo claramente suas funções. Adotamos um regimento interno adequado e ouvimos experiências do mercado que fossem válidas. Quando fui convidado, existia no orçamento monetário uma verba para sua instalação, e foi com ela que montamos nossa estrutura. Mais tarde, a instituição passou a cobrar por seus serviços, porque exercia um papel de controle e de fiscalização. Porém, os recursos arrecadados iam para os cofres federais por meio do Ministério da Fazenda, que os realocava parcialmente para a CVM.

Primeiro colegiado da CVM
Presidente Roberto Teixeira da Costa

Antônio Milão Rodrigues Lima
Geraldo Hess
Jorge Hilário Gouvêa Vieira
Ney Oscar Ribeiro de Carvalho

Nosso organograma propositadamente não reservou funções executivas aos membros do colegiado. Instituímos a figura do superintendente-geral e abaixo dele todas as diferentes superintendências com funções bem específicas. Esse cargo foi ocupado inicialmente por Francisco Gros, que posteriormente esteve por duas vezes na presidência do Bacen, do BNDES e também da Petrobras.

A seleção de pessoal foi feita até então de forma inédita para o setor público. Contratamos uma empresa especializada em recrutamento e, fora os diretores, que escolhi e submeti a Mário Henrique (que não fez qualquer objeção), todos os gerentes e superintendentes que ocuparam cargo de confiança passaram por processos seletivos. Para esses cargos, somente contratávamos pessoas após terem sido entrevistadas e recebermos a avaliação da empresa A.H. Fuerstenthal Executive Search (AHF).

Mário Henrique Simonsen também era capaz de cometer alguns equívocos surpreendentes para uma personalidade com seu saber e experiência. Em nosso relacionamento durante meu mandato na CVM, tivemos uma situação insólita. Estava em casa, preparando-me para ir à CVM, quando me telefona meu chefe de gabinete, Marco Antônio Moreira Leite, comunicando que ao ler o *Diário Oficial* deparara-se com a notícia de que eu havia sido indicado para o Conselho de Administração do Banco do Brasil. Não acreditando no fato, ao chegar ao escritório, pude constatar sua veracidade. Imediatamente busquei contato com o ministro para explicar que, como presidente da CVM, não poderia participar de nenhum conselho de administração de qualquer companhia aberta, como era o caso do Banco do Brasil.

Consegui o contato ainda no período da manhã e expliquei a situação embaraçosa em que ele me havia colocado.

Ele desculpou-se e pediu-me que tivesse paciência pois rapidamente iria consertar a situação. Explicou-me que estava sob enorme pressão para o preenchimento das vagas do Conselho de Administração do Banco do Brasil com políticos, fato do qual discordava completamente.

Assim, indicou pessoas de sua confiança para ocupar os referidos cargos.

Meses depois fui liberado, e o curioso é que esse fato foi muito pouco comentado pela imprensa.

Marco Antônio Moreira Leite, meu contemporâneo de faculdade, oriundo do mercado financeiro, foi a primeira pessoa a quem chamei para ajudar na estruturação da entidade.

Imediatamente após o início da montagem da comissão, Ney Carvalho, não se sentindo confortável em eventualmente ter que fiscalizar ex-colegas, renunciou e foi substituído por Emanuel Schifferle.

Procuramos criar um colegiado que agregasse experiências diferenciadas e complementasse as que aportava nos meus 19 anos de mercado, sem funções executivas, já que seus componentes teriam grande responsabilidade em processos administrativos e, portanto, era impossível conciliar com uma gestão gerencial do cotidiano.

Obviamente, as questões ligadas aos demonstrativos financeiros e à auditoria mereceram grande destaque no arcabouço estrutural da CVM. Criamos a Superintendência de Normas Contábeis, entregue a Álvaro Ayres Couto, que veio a se aposentar da PricewaterhouseCoopers.

Mário Henrique Simonsen, segundo o professor Sérgio de Iudícibus, delegou a Manoel Ribeiro da Cruz e a Álvaro Couto, que eram sócios da Coopers & Lybrand, um dos braços da atual PricewaterhouseCoopers, a responsabilidade da escrita da referida lei. O primeiro aposentou-se das atividades de auditoria a fim de se dedicar integralmente à escrita da lei, que em suma foi um resumo adaptado da estrutura dos Estados Unidos. Eles também tiveram papel fundamental na disseminação da referida lei, viajando de norte a sul do país em cursos e palestras sobre essa nova forma de se fazer contabilidade, juntamente com o Departamento de Contabilidade e Atuária da FEA-USP, principal centro acadêmico de pesquisa no assunto desde aqueles tempos, com os professores Eliseu Martins, Sérgio de Iudicibus e Ernesto Gelbcke.

Creio que nos uniram o grande espírito público e a missão de criar uma instituição que colaborasse na reconquista da confiança no mercado como instrumento de desenvolvimento econômico.

Entre outras iniciativas, criamos a figura do *ombudsman* e introduzimos as "notas explicativas", que eram divulgadas em conjunto com os atos normativos (inexistentes até então). Outras contribuições importantes implantadas na época de grande pioneirismo referem-se à política de Recursos Humanos, política de divulgação, e a submissão prévia de atos normativos por audiência pública, que foram aceitas e bem compreendidas pelos eventuais agentes do mercado. Até hoje releio esses documentos com satisfação e vejo que não perderam sua atualidade.

Um dos primeiros documentos editados pela CVM, logo após sua efetiva instalação, foi *CVM — Políticas de divulgação e informações*. Num livreto de 57 páginas, dividido em diferentes capítulos, procuramos didaticamente mostrar a relevância do dever de informar.

Documento pioneiro, editado há 40 anos, alertando para uma série de temas ligados ao mercado ainda válidos.

A divisão de responsabilidades com o Banco Central não foi processo fácil. Recebeu restrições da equipe do próprio banco, pois implicou a perda de poder. Quem endossou plenamente a independência foi o próprio ministro Mário Henrique Simonsen e o Conselho Monetário, além de diretores do Banco Central com grande visão, entre eles: Paulo Lyra, Ernst Albrecht, Sergio Augusto Ribeiro e Fernão Bracher, que apoiaram a importância de um órgão regulador independente. O mesmo ocorreu com o mercado financeiro. Mas ocupar nosso próprio espaço não foi processo fácil.

A lei que criou a CVM considerou a experiência norte-americana. No primeiro ano, não fizemos nenhuma viagem aos Estados Unidos. Julgávamos que deveríamos estruturar o órgão baseados em nossa própria experiência e nas condições existentes em nosso mercado. Por meio do International Finance Corporation (IFC), um órgão do Banco Mundial que, entre outras funções, tinha o propósito de fomentar o mercado de capitais, fizemos posteriormente alguns contatos com a Securities and Exchange Commission (SEC). Ademais, com o apoio do IFC, avaliamos também o sistema canadense, um país que

NASCE A COMISSÃO DE VALORES MOBILIÁRIOS (CVM)

já havia vivido a fase do capitalismo selvagem, quando o setor de mineração observou uma especulação desenfreada.

Ao final de 1979, praticamente três anos após ter iniciado a instalação da CVM, concluí que minha missão havia sido cumprida. Creio que saí na hora certa, como bem me alertara Walther Moreira Salles!

Em 2013, a CVM reformulou sua estratégia institucional e lançou seu atual Plano Estratégico, reafirmando valores e propósito e definindo os objetivos estratégicos com projeção para 2023.

Seu propósito é o de zelar pelo funcionamento eficiente, pela integridade e pelo desenvolvimento do mercado de capitais, promovendo o equilíbrio entre a iniciativa dos agentes e a efetiva proteção dos investidores.

Como resultados, busca:

- estimular a formação de poupança e a sua aplicação em valores mobiliários;
- assegurar o funcionamento eficiente e regular do mercado;
- proteger os investidores;
- assegurar o acesso do público a informações tempestivas e de qualidade;
- condenar efetiva e tempestivamente os responsáveis por infrações.

Em resposta às demandas do mercado, a CVM anunciou que encerrou o ano de 2016 com 65 casos julgados, o maior número nos últimos cinco anos. Representou mais que o dobro dos projetos sancionados que foram avaliados em 2012, quando do início da gestão do presidente Leonardo Pereira, que encerrou seu mandato em 14 de julho de 2017, num período muito turbulento para a comissão.

Nesse período, a CVM abriu 113 processos administrativos sancionadores superando apenas 2013, quando foram 116. Em 2015 foram 89 casos. Além dos 65 julgados, 13 foram encerrados por termo de compromisso, contra 23 em 2015. Também houve um arquivamento sem resultar em acusação. O colegiado da CVM puniu 198 acusados em 2016 com a imposição de multas, ou advertências, a 167 pessoas. Destas, 31 referiram-se a infrações graves que resultaram em suspensão, inabilitação ou proibição de praticar determinadas atividades que dependem de autorização da autarquia. No total, foram aplicadas 219 multas (um acusado pode receber mais de uma), que somaram

R$ 45,8 milhões. Depois da decisão na CVM, ainda cabe recurso no Conselho de Recursos do Sistema Financeiro Nacional (CRSFN).

Esses números demonstram que a CVM está sensibilizada com a necessidade de acelerar processos administrativos, respeitando o aparato legal, o que é um bom sinal.

A Comissão de Valores Mobiliários (CVM) editou em 8 de junho de 2017 a instrução que incorpora sua regulação à aplicação das práticas de governança previstas no Código Brasileiro de Governança Corporativa — Companhias Abertas. O regulador manteve a decisão de criar um novo documento periódico para a divulgação dos comentários dos emissores sobre o código, uma das maiores discussões durante a audiência pública. "O código tem que ser visto não como um algo a mais [para as empresas apresentarem], mas como uma grande oportunidade de refletirem o momento que estamos passando. Vejo como um avanço, no sentido de oportunidade de reflexão", disse ao *Valor* o presidente da CVM, Leonardo Pereira. Entidades como o Instituto Brasileiro de Relações com Investidores (Ibri) e o Instituto Brasileiro de Governança Corporativa (IBGC) rechaçaram a introdução de um novo informe e sugeriram que os comentários fossem incluídos dentro do formulário de referência. Um dos argumentos apresentados era de que eliminaria a duplicidade de informações prestadas pelas companhias.

Quando nos instalamos na rua 7 de setembro, nº 111, em um imóvel adquirido da massa falida do Banco Ipiranga, e com um orçamento muito limitado, o desafio era como decorar os diferentes andares de uma maneira sóbria e que ao mesmo tempo tivesse alguma ligação com valores mobiliários. Falando com minha mulher, Cacilda, e expondo o que tínhamos em vista, ela lembrou-se de que em conversas com o artista plástico paulista Wesley Duke Lee, ele mencionara a ideia de fazer alguns trabalhos de reprodução usando xerox colorido, que na época era uma grande inovação.

Assim, esse projeto, intitulado Série Papéis (1979), começou a se articular em março de 1979,: Wesley concebeu um conjunto de 400 obras em xerox para decorar os escritórios, com imagens não apenas decorativas, mas relacionadas com a identidade da instituição.

Wesley apresentou um plano original, envolvendo a reciclagem de cautelas antigas por meio de xerox colorido. Procurou dar uma visão da história do mercado de capitais pelo resgate de seus papéis, mas também tentou transformá-los num valor plástico. Assim, na pesquisa e seleção das velhas cautelas, guardadas nos arquivos da Bolsa do Rio de Janeiro e do Museu do Banco do Brasil, a importância histórica era relevante, mas, se o papel interessava visualmente ao artista, ele o incluía.

Com o patrocínio da Xerox do Brasil, Wesley executou o trabalho no Centro de Pesquisas da Xerox, em Nova York, que tinha condições excepcionais de experimentação nas máquinas mais modernas e a possibilidade de um "mergulho vertical no assunto", como escreveu a um amigo.

A máquina de xerox reproduziu todo o espectro a partir de quatro cores: ciano, magenta, amarelo e preto. Munido das fotos das cautelas projetadas na máquina, Wesley alterou a reprodução por meio de três comandos eletrônicos que regularam a emissão das tintas.

Assim, todas as 2.100 reproduções são diferentes quanto às tonalidades, ao foco e também quanto aos elementos circundantes, introduzidos pelo artista. Segundo Wesley, eram "xerox únicos", uma contradição que ele assumia com ironia.

As colagens de Wesley têm uma visualidade alegre e vital, e se destacam no panorama da arte realizada com xerox no Brasil.

Desse modo, conseguimos decorar todos os ambientes da CVM de uma forma criativa e inédita que até hoje permanece nos diferentes andares da instituição e faz parte de seu patrimônio. O custo: zero!

Série Papéis — Cautela: O País
Wesley Duke Lee

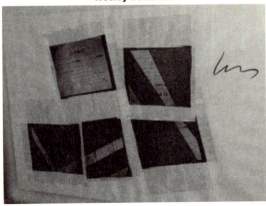

12. Autorregulação

Objetivamente, não existe nenhuma regulação no mundo, por mais perfeita que seja, capaz de tomar medidas eficientes que garantam a proteção do investidor. Por isso, é fundamental preservar e estimular a autorregulação. É como um sinal de tráfego! Não se pode ter em cada esquina um guarda para fiscalizar cada sinal e ver se todos estão sendo respeitados. Ou fazemos códigos e os respeitamos, ou, simplesmente, viveremos no caos.

As bolsas de valores, em conformidade com a lei que deu origem à CVM, foram definidas como órgãos de apoio e autorreguláveis. Mas desde o início, como antes indicado, valorizamos sua autorregulação pelas bolsas. Contudo, a lei não disciplinava qual era o nível desse dispositivo e como seria executada. Fundamental criar estruturas nas quais os profissionais se autorregulem para que primeiramente se possa dividir custo, competência e responsabilidade, evitando minimizar a dependência autorreguladora do órgão estatal. Essa luta continua e é fundamental.

A autorregulação é parte fundamental do processo. As empresas abertas, as bolsas de valores, os bancos de investimento, de fundos, os corretores, os administradores de fundos, os analistas e outros necessitam de regras de convivência, de autofiscalização e de autopunição. Se desejamos uma economia com menor participação do Estado, é fundamental que as entidades de mercado sejam mais atuantes e policiem melhor sua própria atuação, como também que cuidemos de desburocratizar as operações.

AUTORREGULAÇÃO

Os investidores também precisam cobrar das entidades de mercado sua responsabilidade na fiscalização das operações de mercado e não apenas cobrar da CVM e outras entidades reguladoras.

Também foram criadas ainda outras associações ligadas ao mercado. Já existia a Associação Nacional de Bancos de Investimento e Desenvolvimento (Anbid), e agora a Associação Brasileira das Entidades dos Mercados Financeiros e de Capitais (Anbima), bem como a Associação Brasileira de Companhias Abertas (Abrasca) e a Associação Brasileira dos Fundos de Pensão (Abrapp).

Não foram poucos aqueles que durante o início da CVM defenderam maior liberdade para os agentes financeiros para não asfixiar sua criatividade. Pregavam que não deveria haver excesso de policiamento no mercado, o que dentro de certos limites seria perfeitamente defensável.

Na formação da CVM, entre 1977 e 1978, tivemos a preocupação de não usar o poder de polícia até que tivéssemos uma estrutura operacional eficiente e educássemos o mercado para sua atuação. Não nos precipitamos! Precisávamos criar confiança em um mercado que estava desprestigiado! Em nossa estrutura inicial, sugerimos uma área de educação com o propósito de estimular a retomada do mercado por parte de emissores e investidores. Concluímos rapidamente que essa estrutura deveria ser independente, sendo transferida para o então criado Comitê de Divulgação do Mercado de Capitais (Codimec).

O Codimec foi criado buscando representar a reunião do caráter permanente de seus membros, com vistas a coordenar os esforços de conscientização, educação, pesquisa e divulgação do mercado de valores mobiliários.

Queríamos estimular que os agentes voltassem a acreditar no mercado de capitais e nele pudessem aplicar parte de sua poupança. Sem essas iniciativas, não seria possível recriar o mercado. Gradualmente passamos a exercer a fiscalização mais rigorosa. Nesses processos, associações de analistas como a Abamec (atual Apimec) deram importante contribuição. Hoje esse papel é desempenhado pela Associação dos Analistas e Profissionais de Investimento do Mercado de Capitais (Apimec) que se empenha em preservar-se como núcleo de aprimoramento dos analistas financeiros.

Importante mencionar a criação da Associação de Investidores no Mercado de Capitais (Amec) em 26 de outubro de 2006, numa iniciativa de investidores institucionais financeiros e independentes, com o objetivo de defender os direitos de acionistas minoritários e estimular o desenvolvimento do mercado brasileiro de ações.

13. Brasilpar — Pioneira no *venture capital*

Após meu desligamento da CVM, e muito bem localizado no Rio com a família já instalada e integrada, minha primeira intenção era a de continuar por lá. Durante dois meses ia à cidade e, por gentileza de José Luís Bulhões Pedreira, instalei-me provisoriamente em uma sala de seu escritório na rua do Carmo e refletia sobre o que iria fazer!

Analisei com muito carinho as possibilidades de ficar em minha cidade natal! No entanto, nada de muito sedutor e desafiante foi oferecido. O retorno a São Paulo era tentador! Na época, Olavo Setúbal e José Carlos Moraes de Abreu me convidaram para a vice-presidência do Itaú, e Hugo Miguel Etchenique foi a São Conrado, onde eu morava, para que considerasse vir a ocupar a vice-presidência da Brasmotor, que controlava a Brastemp, a Consul e a Embraco.

No entanto, fui motivado pela ideia de transformar a Brasilpar, localizada em São Paulo, na primeira empresa de *venture capital* do país, com total apoio do IFC e de Walther Moreira Salles.

A Brasilpar havia sido constituída em 1975 no final de minha vice--presidência do Unibanco, quando se associou ao Paribas, e na qual também estavam presentes a Assurances Générales de France (AGF) e o empresário Sérgio Mellão. A ideia dessa associação era replicar no Brasil o modelo de um *banque d'affaires*, que era a especialidade operativa dos banqueiros franceses.

A ideia de transformá-la em uma companhia de capital de risco, com maioria de acionistas brasileiros, foi bem aceita pelos então acionistas. Apesar de ter a maioria de seu capital em mãos de acionistas brasileiros (55%), o acordo entre os detentores de capital deu aos estrangeiros a gestão da empresa. Para todos os efeitos, nessa época, em tal tipo de contrato a empresa seria considerada estrangeira. Isso dificultou, por exemplo, sua participação em empresas que não aceitassem a participação de empresas estrangeiras (como era o caso do BNDES).

De minha parte, seduziu-me essa hipótese de trabalho, pois de certa forma, como investidor, estaria mais próximo do lado real da economia (o que então me animava!) e ao mesmo tempo mantinha proximidade com o mercado de capitais, já que uma das características de uma Companhia de Capital de Risco (CCR) é a de buscar liquidez para suas participações depois de um período como acionistas, principalmente por meio da bolsa. Portanto, o conhecimento que trazia como ex-banqueiro de investimentos que havia liderado processos de abertura poderia ser útil. Foi uma avaliação questionável, pois CCR e Banco de Investimento tinham menos aspectos operacionais em comum do que imaginara!

O IFC (David Gill) foi grande incentivador, e buscamos contato com diferentes grupos para se associarem à nova empresa, ou melhor dizendo, a uma Brasilpar repaginada. Diversos indivíduos e empresas concordaram em se juntar à nova Brasilpar.

O capital levantado, avaliando dentro desse total o que os antigos acionistas haviam aportado e que constituíam a carteira básica que herdamos, foi de US$ 15,5 milhões! O propósito básico era o de fazer inversões em empresas nascentes que aportassem novos conceitos e tecnologias contemporâneas. Deveríamos participar mediante a compra de novas ações, participando assim de emissões de capital!

Como o Brasil tinha sido fortemente afetado pelo chamado choque do petróleo, impactando nossa balança de pagamentos, a prioridade era buscar empresas que pudessem produzir localmente para substituir importações. Por exemplo, o Pró-Álcool foi um dos setores lembrados (o que na prática se mostrou um grande equívoco).

Tivemos um começo conturbado! O conceito de *venture capital* não foi facilmente assimilado e a ideia de que seríamos um investidor temporário, buscando liquidez no médio prazo, causava estranheza. Apareceram muitos projetos, mas sem qualquer lastro razoável e com potenciais empresários despreparados para uma associação com uma empresa que seria um investidor temporal. Em muitos casos, eram vendedores de ideias e não empreendedores.

Convivemos com uma época difícil no início dos anos 1980, quando a perda do valor da moeda acontecia com incrível velocidade, e os acionistas, com justa razão, preocupavam-se com o desgaste do valor investido (chegamos a considerar aplicações em dólar/ouro para nos proteger). Era nítida a impaciência do nosso conselho pela lentidão de como estávamos investindo. Pedíamos paciência, pois não queríamos tomar decisões precipitadas e de certa maneira nos sentíamos amarrados pelos *guidelines* que haviam sido fixados. Além do mais, na carteira herdada, e que tivemos de administrar, havia uma participação em uma *holding* chamada Ferragens Laminação Brasil, que tinha em sua carteira uma empresa da área de informática: Labo, com tecnologia do Nixdorf (alemã). Walther Moreira Salles havia se encontrado no exterior com o senhor Klaus Luft e ficara bem impressionado com a tecnologia da empresa. Vale lembrar que a Labo era das empresas de minicomputadores que ocupavam a chamada *reserva de mercado* dentro da política então prevalecente na área de informática, que aliás muito atraso provocou ao nosso desenvolvimento.

Com a Labo entrando em dificuldade, e seus acionistas controladores de então não tendo recursos para apoiá-la, pediram nosso apoio e maior participação direta na empresa, o que se mostrou um erro estratégico. Gastamos tempo, recursos financeiros e humanos (Luiz Serafim Spínola Santos, um de nossos principais colaboradores, ficou durante um bom tempo totalmente dedicado à empresa como uma espécie de interventor) para não deixar a companhia quebrar. Uma das lições do *venture capital* — não ter pudor em reconhecer que errou e realizar o prejuízo — não foi bem recebida pelos nossos acionistas. Seria desprestigioso ter seu nome envolvido em um fracasso, e tendo participado em uma empresa concordatária.

Mas esse não foi nosso único problema! Tivemos que conviver com um dos momentos mais difíceis do passado recente do Brasil, a chamada "década perdida", período de desaceleração na economia, agravamento da inflação, custos de oportunidades elevados com papéis do governo pagando taxas altas e com baixo risco e crescentes tensões sociais.

Lembro-me de que quando decidimos dar liquidez a um investimento na Springer, seu presidente, Mario Amato, ficou indignado e ligou para Luiz

BRASILPAR — PIONEIRA NO *VENTURE CAPITAL*

Spínola, nosso diretor, protestando quanto ao fato de estarmos saindo da empresa, o que ele considerou uma desconfiança à sua pessoa.

De qualquer modo, tive uma vivência extremamente enriquecedora como seu principal executivo. Participamos de bons e maus negócios, e com o tempo essa experiência foi valiosa em outras situações.

Aproveitamos grande parte da equipe existente na fase anterior e saímos do prédio do Unibanco para ocupar um andar na alameda Santos, ao lado do Hotel Mofarrej. Formamos um excelente grupo de profissionais fortemente motivados por essa forma pioneira de investir.

Em uma fase subsequente, como administrador convencional de ativos, e por meio de uma nova montagem societária (os executivos assumindo a gestão da *management company*), partimos em 1988 para a administração de uma companhia de investimentos, que teve seu capital subscrito por seis bancos estrangeiros (recursos provenientes de conversão da dívida externa do Brasil). Afastamo-nos assim do conceito de *venture capital* e ficamos mais próximos do que no mercado americano chamam de *development capital* e também aplicando crescentemente em companhias negociadas em bolsa.

Em 1991, a Brasilpar assumiu uma participação acionária no Banco Financeiro e Industrial, que era o banco de investimentos do Banco Sudameris no Brasil. Três dos seus sócios passaram a ocupar posições na governança do banco, sendo Luiz Spínola como vice-presidente executivo e Ricardo Leonardos e eu como conselheiros. Em 1993, essa participação foi revendida ao grupo Sudameris. A lógica que baseou esse investimento foi a potencial criação de valor mediante o aporte da experiência da Brasilpar em mercado de capitais e investimentos a essa instituição.

Com sua experiência em gestão de recursos e já administrando quase U$$ 100 milhões de bancos estrangeiros, a Brasilpar conseguiu a aprovação da CVM para atuar como uma gestora de recursos independente, ou seja, não pertencente a uma instituição financeira. Tornou-se a primeira empresa a atuar nesses moldes no Brasil sem nenhum potencial conflito de interesse, pois atuava unicamente no melhor interesse de seus clientes. Criou uma política de transparência, mensalmente informando seus clientes sobre seus cenários e estratégias de investimento para esses cenários, o que hoje em dia todas as casas de gestão de recursos praticamente fazem. Criou também vários produtos *private label* onde geria fundos para a Porto Seguro Seguros,

VALEU A PENA!

Corretora Magliano, Corretora Novação e Arbitral Finance, entre outros. Essas iniciativas geraram valor que posteriormente foi fonte de atração e valorização por uma grande seguradora brasileira.

Posteriormente, a Brasilpar foi escolhida para ser o *local manager* para o Brasil e *advisor* para a América do Sul do South America Private Equity Growth Fund, função que desempenhou até sua reestruturação.

Venture capital, development capital, private equity ou fundos emergentes, como têm aparecido com mais frequência no Brasil, são variações em torno do mesmo tema: basicamente compreendem participação expressiva e representativa no capital de companhias em sua grande maioria ainda fechadas (podendo inclusive assumir o controle), com uma postura de investidor proativo, ou seja, com influência na administração, e com um horizonte de permanência temporário. Isso implica que o investidor tem um papel a cumprir e a partir de um determinado ponto no tempo irá buscar a liquidez, preferivelmente via bolsa ou mercado de capitais. O *venture capital* esteve inicialmente mais associado a empresas nascentes de alta tecnologia. Portanto, ficou com a imagem marcada de investidor em projetos novos, o que necessariamente não correspondeu à realidade. O *development capital*, por sua vez, esteve associado ao apoio às companhias que careciam de uma segunda ou terceira rodada de capital permanente para viabilizar-se, quer por insuficiência do *funding inicial*, quer por expansões não previstas. O *private equity* teria uma característica bastante diferenciada dos demais, a de estar ligada a uma influência mais marcante na administração mesmo com a assunção do controle das empresas investidas. Portanto, ele está associado a uma fase mais madura das investidas, como se fosse um *pos-development capital*, para uma recuperação da investida. Nos anos recentes ganhou grande escala no Brasil, com forte participação de capital estrangeiro.

O *private equity* recentemente se fortaleceu no Brasil, com grandes *players* internacionais que aqui vêm investindo somas apreciáveis.

Algumas das interessantes experiências e aprendizados da Brasilpar merecem menção.

1. A Brasilpar, no curso de sua existência, acabou tendo que dividir seu tempo entre a atividade de empresa de capital de risco e de prestadora de serviços financeiros. Posteriormente, com a alocação dessas

BRASILPAR — PIONEIRA NO *VENTURE CAPITAL*

atividades a empresas separadas com equipes focadas, encontramos o denominador comum capaz de desenvolvê-las. É difícil essa conciliação em mercados cada vez mais especializados e é importante ter foco, sem que, complementarmente, a empresa gestora esteja envolvida em outra atividade e ocupada em gerar outras receitas. Impõe, assim, controlar despesas para que não se force uma política de investimentos com a busca de retornos de curto prazo. A terceirização de serviços é uma necessidade para minimizar custos.

2. O acompanhamento das empresas investidas deve ser permanente. Os executivos da Brasilpar foram solicitados a alocar seu tempo em algumas empresas problemáticas, que passaram então a ocupar parcela preponderante da sua carga de trabalho, sem que os resultados obtidos fossem compatíveis com esse esforço. Um importante ganho foram a especialização e a eficácia na tarefa de acompanhamento desses investimentos, permitindo a adoção de cursos de ação preventivos ou corretivos, visando evitar a deterioração de algumas empresas investidas. Assim, esse acompanhamento é essencial, e um sistema de informações gerenciais tem de ser montado para o monitoramento dos investimentos. É também importante selecionar, para o conselho ou comitês das empresas em que participarão, profissionais com experiência e vivência do setor das investidas.

3. A identificação de quem eram nossos acionistas, que em outros negócios poderia ser um *plus*, em nosso caso foi prestigioso, porém foi um *minus*. Diante de situações de ter que abandonar investimentos malsucedidos e assim partir para o *stop loss*, os investidores ficaram incomodados em ter seus nomes associados a fracassos, decidindo por colocar mais dinheiro bom sobre dinheiro ruim, buscando recuperar o investimento. Portanto, quem deve aparecer são seus gestores e não os acionistas.

4. Assim, a política de *hands on*, defendida por alguns *venture capitalists* dos Estados Unidos, apontou, na nossa experiência, resultados questionáveis. No caso de um investimento da área de informática, como dissemos, a Brasilpar participou no seu saneamento financeiro, o que, no entanto, obrigou-a temporariamente à relevante posição acionária da empresa, que, como dissemos, necessitou de grande investimento

de tempo e recursos que poderiam ter sido melhor empregados. Outros exemplos vividos indicaram que o grau de relacionamento que se estabeleceu entre a Brasilpar e as investidas foi de tal proximidade que criou dependência excessiva.

5. Nos estudos iniciais não se deve compactuar com administrações incompetentes e com demonstrações financeiras que não traduzam a real situação da empresa. Essa tolerância acaba implicando alto custo posterior! O problema gerencial foi bastante crítico em algumas dessas empresas, o que nos leva a concluir que havendo dúvidas sobre a qualidade do *management* ou mesmo sua postura ética, e não podendo substituí-lo, é melhor *não investir*. A ideia de comprar e reestruturar não funciona. Há muitos esqueletos escondidos.

6. Também aprendemos que os controles contábeis e gerenciais nas pequenas e na maioria das médias empresas praticamente inexistiam, e a tentação a maquiar resultados era muito grande. Isso sem falar em contabilidade paralela (caixa 2), que nos obrigou a abrir mão de possíveis investimentos cujas práticas eram eticamente inaceitáveis. Hoje já temos um conjunto de regras definidas pelo Iasb aplicáveis às pequenas e médias empresas.

7. O pioneirismo da Brasilpar na atividade de *venture capital* teve seu preço. A dificuldade da comunidade de negócios (empreendedores e investidores) e às vezes dos seus próprios acionistas entenderem o conceito desse tipo de investimento, sem dúvida, dificultou a identificação de um bom número de atividade. Durante muito tempo foi necessário um grande esforço educativo no sentido de disseminar a nova forma de investimento, bem como de institucionalizar a atividade. Chegamos, inclusive, a sugerir uma legislação específica para estimular o *venture capital*, aprovada (ministro Dílson Funaro) e, depois, extinta (ministro Maílson da Nóbrega).

8. Como mencionei, o ambiente econômico foi fator que contribuiu negativamente para a atividade. A grande instabilidade econômica, a inflação crescente e o alto grau de endividamento do Estado provocando elevadas taxas de juros durante a década de 1980 exigiam expectativa de retornos extremamente elevados para os investimentos contemplados a fim de compensar o nível de risco e as alternativas de renda fixa.

BRASILPAR — PIONEIRA NO *VENTURE CAPITAL*

9. O plano de negócios apresentado pelas companhias candidatas a investimento deve ser sempre olhado com desconfiança. Não se deve prosseguir antes que o comitê de investimentos esteja plenamente satisfeito com a qualidade dos números apresentados e pesquisas de mercado satisfatórias. Não devem ser considerados investimentos em companhias que não dominem a tecnologia e sem condições de competitividade numa economia aberta. Discussões sobre questões de mercado devem ser debatidas até a exaustão! A auditoria é de fundamental importância e sua escolha deve ser feita entre empresas de boa reputação.

10. Deve haver uma combinação razoável entre oportunidades de investimento que aparecem para serem analisadas e oportunidades procuradas. Uma postura ativa na seleção e busca de empresas-alvo, em setores específicos, deve ser perseguida para alcançar maior volume de massa crítica de oportunidades a serem analisadas. O sucesso está na razão direta do número de oportunidades de investimento que foram analisadas. Nosso *ratio* foi de dois a três investidos para cada 100 que olhamos. Os investimentos devem ser feitos com um horizonte de maturação claramente definido, ou seja, a partir de que momento buscar a liquidez. No entanto, caso circunstâncias não imaginadas criem a oportunidade de obter liquidez realizando um bom lucro, não devemos perdê-las. Não se apaixonar pela empresa investida!

11. A eleição de setores prioritários para direcionar aplicações poderá conduzir a escolhas discutíveis nas companhias desses setores. Os administradores das companhias de capital de risco devem assim ter a maior amplitude possível na escolha dos investimentos, dentro obviamente de premissas aceitáveis, inclusive, comprar ações já emitidas de investidores que estejam buscando liquidez.

12. No caso de investimentos onde a participação inicial e/ou porte da empresa não possibilitem a busca de liquidez pelos mecanismos de mercado, é fundamental nas negociações iniciais conceber esquemas que possibilitem o mecanismo do desinvestimento. É vital que a saída seja combinada na negociação. Essa é regra de ouro! Tivemos dificuldades em obter resultados satisfatórios em compromissos de recompra pois entrar em juízo é custoso e demorado. A arbitragem não existia.

13. O investidor nunca deve avalizar empréstimos ou financiamentos na empresa investida.

14. Não deve haver qualquer constrangimento em deixar uma participada importante entrar em concordata! Faz parte das regras do jogo!

15. *Acordo de acionistas*: documento obrigatório. Deve definir com a maior clareza o relacionamento entre os acionistas e seus representados, situações que vão requerer quórum especial para decisão; informações a serem distribuídas aos acionistas; frequência e agenda das reuniões do Conselho de Administração (se houver); auditorias internas e externas; representação externa; alçadas decisórias da Diretoria; política de dividendos e regras para saída são os mais relevantes.

16. A participação em Conselho de Administração por si só não representa necessariamente a garantia de que seus interesses minoritários estejam protegidos. É mais importante estar presente no comitê de auditoria e nas decisões estratégicas. Informações devem ser fornecidas com periodicidade prefixada.

17. Código de ética: é fundamental estabelecer regras de conduta da companhia em relação a seus clientes, fornecedores, acionistas de mercado (se houver) e também a seus funcionários, no que toca a uma política de recursos humanos. Esses princípios éticos devem explicitar com clareza que a empresa irá operar com total transparência, não corrompendo clientes, não aceitando presentes ou *fringe benefits* de seus fornecedores ou reguladores. Importante também identificar a existência de passivos ocultos (ambientais, trabalhistas etc.). Essa recomendação me fez lembrar uma situação bizarra que vivi na Brasilpar. Quando nos aproximávamos do *closing* de um aporte de capital, após vários meses de análise, fui procurado pelo presidente: com algum constrangimento mencionou que tinham um caixa 2, mas que não preocupássemos pois ele era "auditado" e receberíamos "dividendos" proporcionais à participação percentual que estávamos prestes a subscrever. Deixei muito claro que, sem fazer julgamento de valor, essa era uma proposta inaceitável, e que seríamos obrigados a declinar da participação, o que efetivamente ocorreu. Vale o comentário: quando há caixa 2, os funcionários envolvidos tornam-se sócios ocultos.

18. É preciso definir estímulos para interessar os administradores na seleção criteriosa dos investimentos, e criar mecanismos de premiação e recompensa quando da obtenção de resultados e que venham a superar os parâmetros estabelecidos. É desejável uma monitoria atenta dos resultados, tipo real *versus* orçado, para acender a tempo a luz vermelha e para manter o *management* sob pressão.

Como indicamos anteriormente, com todos os possíveis percalços, a Brasilpar foi uma experiência totalmente válida.

Os acionistas originais julgaram ter cumprido seus objetivos iniciais e resolveram vender suas participações aos gestores da companhia que passaram assim a ser seus acionistas. Continuei na sua presidência e um de seus maiores acionistas, juntamente com Luiz Serafim Spínola Santos, Antônio Carlos Molina, Alberto Ortemblad, Francisco Petros Papathanasiadis, Ricardo Leonardos, Robert Will, Leopoldo Barretto, Gustavo Jobim, Guido Padovano e Ricardo Belotti. Sem dúvida, uma excelente equipe.

Expandimos nossas atividades para a gestão tradicional de fundos, e também uma área totalmente dedicada à prestação de serviços financeiros. Entre eles destacaria o do preparo de companhias de capital fechado para irem ao mercado. Crescemos razoavelmente nas três áreas, ou seja, *venture capital*, administração de fundos e *private equity*.

Em 1996, recebemos uma proposta da SulAmérica, interessada em assumir nosso segmento de administração de fundos, por entender ter muito a ver com a gestão de recursos patrimoniais, o cerne do sucesso de uma seguradora. Ela possuía um banco de investimento, e fui convidado a ser o vice-presidente do Conselho de Administração do Banco SulAmérica, vendido mais tarde. Da nossa equipe, Ricardo Barbosa Leonardos, Gustavo Jobim e Francisco Petros também se juntaram ao time que ingressou na SulAmérica. Posteriormente, eles saíram e eu permaneci juntamente com Leopoldo Barretto. Em 2016 somei 20 anos, desde o início, como membro do conselho da SulAmérica, e, com a abertura do capital, como um de seus conselheiros independentes.

Na cisão em que a SulAmérica ficou com a gestão dos fundos, nossos ex-colegas continuaram com o nome Brasilpar e novos sócios, especializando-se na assessoria financeira em M&A com boa penetração no mercado.

Equitypar — Pioneirismo no *private equity*

Como consequência da crise da dívida externa nos anos 1980, vários bancos internacionais ficaram com seus recursos congelados no Banco Central do Brasil, pois não havia reserva para repatriação dos recursos emprestados por eles para companhias brasileiras.

No entanto, havia uma disposição do próprio Bacen que permitia a conversão em ações de empresas desses créditos mediante certas condições.

A Brasilpar viu a oportunidade de oferecer sua experiência de investidora de longo prazo a esses bancos com recursos retidos de forma a antecipar a repatriação desses valores.

Pouco conhecida da comunidade bancária internacional, a Brasilpar negociou com duas instituições, Morgan Grenfell e Banque Paribas, a possibilidade de serem investidores âncora em seu projeto. O escolhido foi o Banque Paribas.

Foram contatadas e visitadas perto de uma centena de instituições nos Estados Unidos, Europa e Ásia. A ideia era ter um grupo de investidores de diferentes nacionalidades a fim de enriquecer o fluxo potencial de oportunidades de investimentos.

A Equitypar Companhia de Participações foi organizada e gerida pela Brasilpar, sob autorização do Banco Central, e foi capitalizada em 4 de julho de 1988. A Equitypar somente podia investir em ações por meio do mercado primário (novas emissões), a menos que comprasse menos de 5% do capital da companhia. As companhias investidas poderiam usar os recursos para expansão, modernização ou reestruturação financeira.

O propósito da Equitypar era de investir num número selecionado de empresas que proporcionasse um fluxo de dividendos e valorização em bolsa mais focado no que hoje são *private investments in public equities* (Pipes).

Os investidores usaram os mecanismos de conversão da dívida para aplicar nesse veículo, desde que, como estipulado pela Carta Circular nº 1.125 do Banco Central, os recursos originais permanecessem no país por um período de 12 anos.

Essa conversão foi a primeira a ser feita nessa modalidade e por essa razão não houve desconto sobre o valor de face convertido. Posteriormente, em função do grande interesse, novas conversões passaram a ser feitas com significativos deságios sobre o valor nominal via leilão.

Os acionistas que participaram em julho de 1988 da Equitypar foram:

Equitypar — Companhia de Participações
Capitalização inicial — US$ 85,5 milhões

Shareholders	% of share capital
Banque Paribas (francês)	49,13
Banque Sudameris (francês, alemão e italiano)	11,69
First National Bank of Chicago (norte-americano)	11,69
Morgan Grenfell & Co Ltd. (inglês)	11,69
Banca del Gottardo (suíço de capital japonês)	5,86
Banque Internationale à Luxembourg (Luxemburgo)	3,51
Total from debt convertion	**93,57**
Banco Fin. E Indl, de Investimento	3,51
Brasilpar Comércio e Participações S.A.	2,92
Total local funds	**6,43**
Total	100,00

Foi formado um conselho de administração com representantes desses bancos, o qual presidi. Periodicamente nos reuníamos para analisar o portfólio e avaliar os resultados. Foram realizadas reuniões no exterior durante a existência do fundo até sua liquidação nas sedes dos investidores.

Decorridos cinco anos de operação, o equivalente à totalidade dos recursos capitalizados foi distribuído na forma de dividendos aos acionistas, originários de ganhos de capital e dividendos distribuídos pelas companhias investidas.

Depois de cumprido o período definido pelo Banco Central, em 22 de dezembro de 2014, realizou-se a Assembleia Geral Ordinária que aprovou a dissolução da companhia.

14. O analista no mercado do século XXI

No contexto atual, faz parte do passado a função do analista financeiro de tão somente olhar as variáveis P/L, valor patrimonial, projeções de rentabilidade, posição do mercado etc. Hoje, ele deve estar totalmente sintonizado com as grandes mudanças a que estamos assistindo e ajustar-se às novas variáveis que afetarão suas análises. Salientamos a importância da governança corporativa: esta merece uma constante leitura de como a empresa se comporta perante seus *stakeholders*, principalmente em relação ao meio ambiente, questões sociais, todos os demais fatores ligados à sustentabilidade e relações com seus funcionários, bem como a diversidade nas posições executivas.

Sua responsabilidade é bem mais ampla e ele precisa estar preparado para assumi-la, pois seu valor estará claramente associado a outras variáveis relevantes, que serão determinantes para o futuro da empresa. Além do mais, os analistas têm que enfrentar o crescimento exponencial dos ETFs (carteiras passivas), que basicamente têm seu patrimônio composto por carteiras que simulam índices de mercado. Também os algoritmos têm grande influência nas negociações em bolsa.

Um dos responsáveis é o inchado setor de fundos negociados em bolsa (ETFs). Apesar de sua popularidade, os ETFs são essencialmente algoritmos de investimento com variados graus de complexidade e normalmente reequilibram automaticamente suas carteiras no fim do dia. À medida que cresceu em importância, o setor de ETFs americano atingiu um recorde de US$ 2,8 trilhões nos EUA no fim de fevereiro de 2017. Produtos de primeira geração que monitoram o S&P 500 são ferramentas consideradas bastante grosseiras pelos investidores atuais, e muitos estão recorrendo a ETFs setoriais ou ETFs "beta inteligentes" de próxima geração com certas características das ações, como volatilidade ou valor.

Isso é um resultado natural da explosão de firmas que operam super-rápido com *trading* por computador, que hoje representam cerca de metade de todos os negócios com ações nos EUA. O Credit Suisse observou: "Estamos, todos, hoje, operando com *trading* de alta frequência". Isso rebaixou os custos de *trading* com ações de empresas de maior porte, mas elevou-os para as de menor porte e, às vezes, os algoritmos de *trading* podem entrar em parafuso. Os mercados reagem mais rapidamente do que nunca a notícias, pegando no contrapé os mais rápidos *traders* humanos.

É claro que os temores sobre a era quantitativa não são novos e, em parte, são irracionais. *Traders* praticaram operações criticáveis muito antes de os computadores aparecerem, e um estudo da Universidade da Pensilvânia em 2014 mostrou como pessoas submetidas a experimentos perdiam a fé em previsões algorítmicas muito mais rapidamente do que em analistas humanos, mesmo após lhes ter sido mostrado que as previsões dos computadores eram muito melhores. Os pesquisadores denominaram essa atitude ilógica de "aversão a algoritmos". Mas o fato de que as ferramentas quantitativas estão proliferando muito além de fundos de *hedge* operados com computadores e, nesse processo, remodelando os mercados, é inegável. E, para bem ou para mal, os mercados evoluirão em paralelo com sua ascensão.

Fica uma dúvida que somente o tempo irá responder: "em que graduação as decisões de selecionar investimentos serão feitas por máquinas e não pelos gestores de investimento que serão seus meros programadores?".

15. Expansões e contrações do mercado

Não há como deixar de registrar os sensíveis progressos que o mercado de capitais demonstrou nesses quase 60 anos, desde o momento em que iniciei meu trajeto profissional na Deltec. Malgrado momentos difíceis, ou mesmo de total paralisia, não há como negar que temos um mercado melhor estruturado, com uma institucionalização aprimorada, maior nível de regulação e preocupação das empresas com os investidores minoritários, e a BM&FBovespa muito consciente do seu papel de fomentador do mercado e com reconhecida competência técnica.

Vale destacar a Lei nº 5.589, de 1970, que obrigava as empresas de capital aberto a divulgar seus balanços provisórios a cada semestre. Ou ainda, a Circular nº 179, de 1972, do Banco Central, que recomendava o uso de um modelo específico para os balanços de empresas sujeitas a sua auditoria. Importante mencionar o livro *Capital markets under inflation*, editado por Nicholas Bruck (1982) com o apoio da Bolsa de Valores de Buenos Aires e do Inter-American Development Bank. O capítulo 2, que escrevi, descreve detalhadamente em 30 páginas (39 a 69) o mercado de capitais no Brasil: "Análise de performance e perspectiva".

Foram criados índices de bolsa para diferenciar o comportamento das ações das empresas que aderissem à boa governança corporativa e com clara percepção da responsabilidade social e ambiental. Essas ações deveriam claramente acarretar um tratamento preferencial pelos investidores, apontando no longo prazo valorização acima dos índices de mercado.

EXPANSÕES E CONTRAÇÕES DO MERCADO

A bolsa sensibilizou-se com essa preocupação. Em setembro de 2015, lançou o "Programa destaque em governança das estatais" no sentido mais amplo do conceito de sustentabilidade. Ele preconiza a transparência em relação à divulgação da informação, controles internos, composição da administração e compromisso do controlador.

No campo mais específico da sustentabilidade ambiental, numa iniciativa pioneira na América Latina, criou-se o Índice de Sustentabilidade Empresarial (ISE) que busca criar um ambiente de investimento comparativo com as demandas do desenvolvimento sustentável da sociedade contemporânea e estimula a responsabilidade ética das empresas.

Em maio de 2017, o ISE contava com a participação de 34 companhias abertas que atenderam aos critérios estabelecidos pela bolsa para sua inclusão.

No contexto da boa governança, e em respeito aos interesses da minoria, não podemos deixar de ressaltar a necessidade de que o órgão regulador, no caso a CVM, e o Poder Judiciário exerçam com plena competência as funções para as quais foram criados. Os investidores sentem-se mais seguros quando o órgão regulador e o Judiciário atuam a tempo e hora. De nada adianta o investidor constatar ações administrativas e atos punitivos posteriores, deslocados de quando o delito aconteceu. Seu efeito exemplar não pode ser diluído no tempo. Eis aí uma questão central do Poder Judiciário brasileiro, por cuja maior eficácia todos clamam. Daí a importância das câmaras de *arbitragem* e *mediação*, um dos focos na criação do Novo Mercado (NM). Em capítulo separado vamos cobrir a arbitragem no NM.

O NM foi lançado pela Bovespa após estudo encomendado a um grupo de *experts*. Seu objetivo foi claro e ambicioso: criar um segmento especial de empresas negociadas na bolsa em São Paulo que oferecessem condições especiais aos investidores. As empresas seriam classificadas em função de certos parâmetros que foram então definidos. Partia-se de um princípio: prestigiar aquelas empresas dispostas a dar um tratamento diferenciado[6] aos seus acionistas. Para algumas empresas, os acionistas eram vistos como investidores de segunda classe, com direito a um dividendo preferencial, mas sem poderes de representação junto às decisões. A facilidade de as empresas emitirem até 2/3 do capital em ações preferenciais foi muito favorável para os acionistas

---

[6] Apesar de tudo, ainda assim, algumas ações preferenciais no mercado têm cotação superior à das ordinárias (quando os dois tipos coexistem) devido à sua maior liquidez.

controladores, limite esse que posteriormente foi alterado para 50/50. A ideia básica, por meio da adesão a certos parâmetros, era de criar condições para investidores, tais como *tag along*, integral, *float* mínimo, ações ordinárias num dos segmentos, câmara de arbitragem para resolver pendências.

A principal inovação do Novo Mercado, em relação à legislação, foi a proibição de emissão de ações preferenciais. Porém não é a única. A adesão a essas práticas de governança distingue a companhia como nível 1, nível 2 ou Novo Mercado, dependendo do grau de compromisso assumido pela empresa.

- *Nível 1*: práticas diferenciadas de governança corporativa, que contemplam basicamente regras de transparência e dispersão acionária;

Principais empresas registradas no nível 1	
SP Alpargatas	Suzano
Banco Bradesco	Usiminas
Bradespar	Vale
Braskem	CBD
Cesp	Itausa S.A.
Gerdau	

- *Nível 2*: além das regras de transparência e dispersão acionária exigidas no nível 1, contempla também as de equilíbrio de direitos entre acionistas controladores e minoritários.
- *Novo Mercado*: conjunto ainda mais amplo de práticas de governança. A grande diferença do Novo Mercado para os níveis é a proibição de emissão de ações preferenciais: no Novo Mercado, as empresas devem ter somente ações ordinárias.

Principais empresas registradas no Novo Mercado	
Arezzo	Hering
BB Seguridade	Cielo
B3	Cosan
Brasil Pharma	CPFL Energia
Banco do Brasil	Cyrela
BRF	Duratex
CCR	Estácio Participações
Cetip	Embraer
Fibria	Grendene
Fleury	Light
JBS	Natura
Porto Seguro	Ultrapar
TIM	WEG

EXPANSÕES E CONTRAÇÕES DO MERCADO

O Grupo CCR, antiga Companhia de Concessões Rodoviárias, e a Natura deram o exemplo e foram os primeiros a aderir ao NM. A partir de 2004, no grande *boom* de lançamentos primários e secundários, quase todas as emissões foram feitas nas regras do Novo Mercado! Estavam consolidadas as bases para uma nova fase da bolsa.

Certamente, nessa dimensão da relevância do Novo Mercado, houve maior conscientização do mercado para a importância da governança corporativa.

Em 2017, após várias análises, foi aprovado o novo regulamento para o Novo Mercado. O "fazer cumprir das normas" está nas mãos do mercado: entidades de classe; instituições; investidores; auditores independentes; conselhos fiscais e de administração; reguladores e autorreguladores, como a B3.

No entanto, a rejeição das companhias listadas no nível 2 ao novo regulamento proposto pela B3 abriu uma distância ainda maior entre o segmento e o Novo Mercado, que reúne as empresas com maior nível de governança corporativa.

Segmentos especiais afetados
Como ficam os regulamentos com o resultado da reforma

Item	Novo Mercado	Nível 2
Estrutura acionária	Permite apenas ações ordinárias	Permite ação ordinária e preferencial
Avaliação do administrador	Estruturar e divulgar, no formulário de referência, avaliação do conselho, dos comitês e da diretoria	Nada previsto
Remuneração do administrador	Divulgar salário máximo, médio e mínimo, exceto empresas protegidas por liminar	Nada previsto
Aquisição de controle	Garantir extensão da oferta a todas as ONs	Garantir extensão da oferta a todas as ONs e PNs
Comitê de auditoria	Criar órgão estatutário ou não estatutário	Nada previsto
Fiscalização e controle	Com funções de auditoria interna, *compliance* e riscos corporativos	Nada previsto
Dispersão acionária	Reserva de parte da oferta de ações a pessoas físicas, exceto operação com esforço restrito	Reserva de parte da oferta a investidores pessoa física
Saída do segmento	OPA deve ser aceita por 1/5 (33%) das ações em circulação	Aprovação em assembleia
Ações em circulação	25% ou 15%, caso a empresa tenha valor diário mínimo negociado de R$ 25 milhões	No mínimo 25%
Conselho de administração	20% de membros independentes, ou pelo menos dois, prevalece o maior	20% de membros independentes

Fonte: B3.

Diferencial na bolsa
Segmento representa menos da metade de toda a B3

Fonte: B3.

Ainda no contexto da boa governança, cabe refletir sobre o conceito de *stakeholder*, que compreende a gama dos interessados no relacionamento da empresa. Visando os interesses coletivos, a empresa ideal deveria considerar a interação com todos eles: clientes, fornecedores, funcionários, acionistas, investidores, parceiros, consumidores, sem falar na sua postura em relação ao meio ambiente.

O *stakeholder accountability* está relacionado com a necessidade de transparência e a cumprimento da responsabilidade da empresa de prestar contas perante o público que nela possui legítimo interesse.

Temos também um novo componente na governança corporativa que é o *compliance*, ou seja, respeitar parâmetros e referências preestabelecidos, o que até pouquíssimo tempo atrás, supreendentemente, não existia em muitas empresas (Petrobras, por exemplo).

Outro referencial ainda presente no mercado é o *guidance*, que seria o conjunto de comentários que uma empresa faz a respeito de suas expectativas para um determinado período, principalmente focando em receitas, indicadores operacionais e lucro. Também são comuns *guidances* para questões mais amplas, relacionadas com perspectivas para a área de atuação da companhia ou mesmo para o desempenho da economia. Em novembro de 2010, Manuel Ammann, David Oesch e Markus M. Schmidt publicaram um documento sobre *Corporate governance and firm value: internacional evidence*,[7] no qual constataram que o padrão de governança e o valor da empresa no mercado têm uma correlação positiva, ou seja, as ações dessas empresas tiveram melhor desempenho que as demais. Esse *paper* fez um levantamento com 6.663 empresas de 22 países desenvolvidos, entre 2003 e 2007. Basearam-se em 64 atributos de governança corporativa que as empresas analisadas preencheriam. Além disso, investigaram a relevância do valor dos atributos de governança que documentam o comportamento social das empresas. Independentemente de esses atributos serem considerados individualmente ou agregados em índices, e mesmo quando os atributos de governança corporativa "padrão" são controlados, eles exibem um efeito positivo e significativo no valor da empresa.

Em passado recente, cresceu a preocupação das bolsas mundiais com o tema sustentabilidade. Os mercados não deveriam ficar alheios à questão que hoje ocupa maior escala na agenda dos países.

A World Federation of Exchanges tem recomendado que suas filiadas tenham um padrão que seja aceito globalmente, e que proponham medidas de longo prazo ligadas à inserção da sustentabilidade no mercado de capitais.

Há algum tempo, a B3 vem adotando medidas junto às empresas que têm ações negociadas em seu pregão, com o objetivo de aprimorar as medidas relativas à informação de suas políticas de sustentabilidade e às estruturas de governança corporativa.

Um marco importante de algumas companhias abertas foi que passaram a publicar, simultaneamente ao seu relatório anual e demonstrativos financeiros, relatório sobre sua política de sustentabilidade em que avaliam o que foi alcançado.

Em suma, as práticas de governança corporativa vêm sendo indicadas como capazes de ampliar a credibilidade dos mercados de capitais e da economia de um país como um todo. Nessa linha, o Conselho Monetário Nacional aprovou, em maio de 2003, a Resolução nº 3.081, que estabeleceu normas disciplinadoras para as instituições financeiras autorizadas a funcionar pelo Banco Central do Brasil, dando ênfase à atuação dos comitês de auditoria.

Olhando os mercados da América Latina, é possível constatar que é uma matéria que ainda continua sendo desenvolvida em situações diferenciadas em

---

[7] O documento poderá ser acessado em sua íntegra em: <www.alexandria.unisg.ch/69867/>.

VALEU A PENA!

cada país. Destaca-se o papel do Chile, com uma legislação mais contemporânea, e o México, Colômbia e Peru, ainda evoluindo em um *working process*, enquanto na Argentina reconhece-se a necessidade de avançar.

Muitas companhias terão, em muitos casos, de fazer modificações na estrutura e na composição para torná-las compatíveis com as novas obrigações. É o que mostra levantamento feito pela auditoria independente KPMG, com base nos dados de 223 companhias abertas.

Das 223 empresas analisadas pela KPMG em janeiro de 2017, o comitê de auditoria existia em 109 casos, menos da metade (49%) da amostra. O levantamento mostra ainda que somente 54% das companhias listadas no Novo Mercado já instituíram um comitê de auditoria, percentual que sobe para 62% das listadas no nível 2 e cai para 34% das companhias do segmento básico.

Além disso, o Código Brasileiro de Governança Corporativa para Companhias Abertas, lançado em novembro de 2016 por um grupo de entidades de mercado e incorporado às regras da Comissão de Valores Mobiliários (CVM), estabelece que o comitê de auditoria seja estatutário e coordenado por um conselheiro independente. Segundo o estudo, das empresas que têm o órgão, apenas 21,5% têm o colegiado criado por força de estatuto. Em relação à coordenação do comitê, somente 28% das empresas contam com a chefia de um membro independente do conselho de administração. No Novo Mercado, 31% das companhias têm um comitê com comando independente, enquanto no nível 2 o percentual é de 50%.

Porém, no quesito remuneração dos administradores, as companhias abertas continuam recalcitrantes. O número de empresas que se valem de liminar do Instituto Brasileiro de Executivos de Finanças do Rio (Ibef Rio) para não publicar a remuneração detalhada dos executivos vem aumentando a cada ano: ao todo, 44 companhias usaram o expediente no ano passado para driblar a publicação dessas informações, que é uma exigência da CVM. Em 2015, 41 empresas ampararam-se na liminar.

16. Câmara de arbitragem do mercado (CAM)

A Câmara de Arbitragem do Mercado (CAM) foi criada pela então Bovespa, em junho de 2001, visando a oferecer foro adequado para a solução de questões relativas ao mercado de capitais e, em especial, as de cunho societário. Atua na composição de conflitos surgidos no âmbito das companhias comprometidas com a adoção de práticas diferenciadas de governança corporativa e transparência, listadas na B3 em seus segmentos especiais de listagem, Novo Mercado, Nível 2 de Governança Corporativa e Bovespa Mais, e também em quaisquer outros eventuais litígios entre pessoas físicas e jurídicas ligadas ou não ao mercado de capitais, desde que anuentes ao regulamento e desde que tal anuência conte com a concordância do presidente da Câmara de Arbitragem do Mercado.

Fui escolhido para assumir a presidência da CAM em 2001, posição que ocupo até hoje. Os trabalhos da CAM são de responsabilidade da Superintendência Jurídica da B3 que secretaria as atividades da CAM.

Imprescindível o desenvolvimento de meios alternativos de solução extrajudicial de controvérsias, tendo em vista, entre outros, o notório congestionamento do Poder Judiciário e a falta de especialização dos juízes para solucionar controvérsias de direito comercial ou de mercado de capitais muito técnicas ou complexas. Vejo com bons olhos a edição da Lei de Mediação, mas entendo que ainda demoraremos em ver uma ampla utilização do instituto no Brasil, considerando a cultura jurídica brasileira, que ainda é altamente contenciosa, mas que vem evoluindo.

VALEU A PENA!

É inegável o crescimento exponencial das arbitragens nos mercados financeiro e de capitais. Não à toa, a legislação evoluiu nesse sentido e, inclusive, a Câmara de Arbitragem do Mercado (CAM) consolidou-se no mercado com expressão na administração de disputas nesse segmento.

Em 2016, tivemos um número recorde de procedimentos. A CAM é a câmara nacional que possui o maior valor médio por procedimento.

Como aprimoramento, destacaria que efetuamos alterações no regulamento da CAM em 2011, que hoje tem um documento contemporâneo.

Um ponto importante a ser destacado é que 80% dos procedimentos administrados pela CAM não têm relação com a cláusula compromissória estatutária incluída nos estatutos das companhias listadas em determinados segmentos especiais de listagem da BM&FBovespa. Ou seja, a maioria dos procedimentos administrados pela CAM discute matérias de direito empresarial. Com relação aos procedimentos decorrentes de cláusulas compromissórias contidas em estatutos sociais de companhias abertas, as discussões referem-se, entre outros, a anulação de assembleias, indenização a acionistas por prejuízos quando da aquisição do controle de companhia, irregularidades na eleição de administradores e condenação de administradores a indenizarem danos causados à companhia.

Em junho de 2017, esta era a composição dos árbitros da Câmara de Arbitragem do Mercado.

Roberto Teixeira da Costa (presidente)
Calixto Salomão Filho e Paulo Cezar Aragão (Vice-presidentes)
Grasiela Cerbino (secretária-geral)
Andressa Molina Matos Bondioli (superintendente jurídica de Contencioso)
Alice Andrade Baptista Frerichs (advogada — Diretoria Jurídica)

- Adriana Noemi Pucci
- Ana Paula Martinez
- Anderson Schreiber
- Ary Oswaldo Mattos Filho
- Bruno Meyerhof Salama
- Calixto Salomão Filho
- Carlos Alberto Carmona
- Carlos Alberto Moreira Lima Jr.
- Carlos Eduardo da Silva Monteiro
- Carlos Augusto da Silveira Lobo
- Carlos Nehring Netto
- Eduardo Damião Gonçalves
- Eduardo Secchi Munhoz
- Eleonora Maria Bagueira Leal Coelho

CÂMARA DE ARBITRAGEM DO MERCADO (CAM)

- Eliana Helena de G. A. Chimenti
- Eliane Aleixo Lustosa
- Eliseu Martins
- Erasmo Valladão Azevedo e Novaes França
- Fernando Carramaschi
- Fernando Eduardo Serec
- Francisco A. da Costa e Silva
- Francisco José Cahali
- Francisco Satiro de Souza Junior
- Giovanni Ettore Nanni
- Gustavo José Mendes Tepedino
- Henrique de Rezende Vergara
- Hermes Marcelo Huck
- Ivo Waisberg
- Jairo Sampaio Saddi
- João Bosco Lee
- José Alexandre Tavares Guerreiro
- José Carlos de Magalhães
- José Emílio Nunes Pinto
- José Estevam de Almeida Prado
- Lélio Lauretti
- Luciana Pires Dias
- Luiz Alberto Colonna Rosman
- Luiz de Figueiredo Forbes
- Luiz Gastão Paes de Barros Leães
- Luiz Leonardo Cantidiano
- Luiz Olavo Baptista
- Marcelo Fernandez Trindade
- Marcelo S. Barbosa
- Maria Cristina Cescon
- Mário Engler Pinto Júnior
- Maurício de Almeida Prado
- Mauro Rodrigues Penteado
- Modesto Carvalhosa
- Nelson Bizzacchi Spinelli
- Nelson Laks Eizirik
- Otavio Yazbek
- Paula Andrea Forgioni
- Paulo Cezar Aragão
- Paulo Fernando Campos Salles de Toledo
- Paulo Penalva Santos
- Pedro Soares Maciel
- Roberto Faldini
- Roberto Teixeira da Costa
- Rodrigo Octavio Broglia Mendes
- Ronaldo Veirano
- Selma Maria Ferreira Lemes

Realizamos reuniões periódicas a cada três meses, quando todos os árbitros são convidados, e para as quais escolhemos um tema de interesse geral que é apresentado por um convidado, propiciando amplo debate.

Distribuição dos processos arbitrais por matéria (jun. 2017)

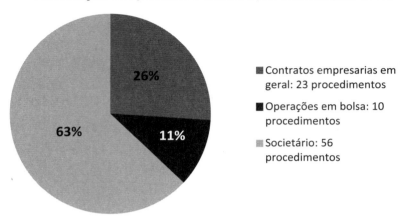

17. Fundos de pensão — sua relevante contribuição ao mercado

Devido à acumulação de poupança, os fundos de pensão, além de atividade--fim, possuem uma função econômica relevante como investidores, tendo participação significante no mercado de ações, no mercado imobiliário e nas aplicações em títulos governamentais.

O resultado final das privatizações revelou um aspecto peculiar do programa brasileiro: algumas aquisições somente foram viabilizadas porque contaram com a participação dos fundos de pensão das próprias empresas estatais (como no caso da Vale) ou da participação de empresas estatais de países europeus. O controle acionário da Light Rio, por exemplo, foi adquirido pela estatal de energia elétrica da França.

Ao longo dos oito anos de mandato de Fernando Henrique Cardoso, as privatizações lograram atingir a receita total de US$ 78,61 bilhões, sendo 95% em moeda corrente (nessa porcentagem estão incluídos os financiamentos concedidos pelo BNDES), e com grande participação dos investidores estrangeiros, que contribuíram com 53% do total arrecadado. Desse total, US$ 22,23 bilhões referem-se à privatização do setor elétrico e, US$ 29,81 bilhões, à do setor de telecomunicações.

A posição de investidores em papéis de empresas brasileiras negociadas aqui e no exterior atingiu US$ 288,4 bilhões em janeiro de 2017 ante US$ 255,7 bilhões em dezembro de 2016, segundo dados do Banco Central. No final de 2015, a posição era de US$ 143,9 bilhões, metade do patamar recente.

I. Carteira consolidada por tipo de aplicação (R$ milhões)

Discriminação	2010	%	2011	%	2012	%	2013	%	2014	%	2015	%	2016	%	Abr/17	%
Renda fixa	**321.954**	**59,8**	**349.957**	**61,0**	**396.046**	**61,7**	**386.773**	**60,4**	**431.140**	**64,2**	**483.907**	**70,7**	**546.764**	**72,4**	**570.940**	**73,6**
Títulos públicos	91.922	17,1	90.442	15,8	98.639	15,4	67.446	10,5	83.351	12,4	105.949	15,5	131.273	17,4	135.301	17,4
Créditos privados e depósitos	24.211	4,5	27.508	4,8	32.619	5,1	26.672	4,2	27.099	4,0	24.473	3,6	23.843	3,2	23.394	3,0
SPE	119	0,0	193	0,0	213	0,0	186	0.0	160	0,0	142	0,0	139	0,0	139	0,0
Fundos de investimento-RF*	205.703	38,2	231.814	40,4	264.575	41,2	292.469	45,7	320.530	47,7	353.344	51,6	391.508	51,8	412.106	53,1
Renda Variável	**174.902**	**32,5**	**172.420**	**30,1**	**183.621**	**28,6**	**185.755**	**29,0**	**166.267**	**24,7**	**126.869**	**18,5**	**137.014**	**18,1**	**133.320**	**17,2**
Ações	88.251	16,4	80.407	14,0	89.404	13,9	84.213	13,2	77.026	11,5	58.445	8,5	71.536	9,5	66.848	8,6
Fundos de investimentos-RV**	86.651	16,1	92.013	16,0	94.217	14,7	101.542	15,9	89.241	13,3	68.425	10,0	65.478	8,7	66.472	8,6
Investimentos estruturados	**10.634**	**2,0**	**13.347**	**2,3**	**17.282**	**2,7**	**19.355**	**3,0**	**22.467**	**3,3**	**19.706**	**2,9**	**16.574**	**2,2**	**16.590**	**2,1**
Empresas emergentes	241	0,0	360	0,1	359	0,1	346	0,1	304	0.0	258	0,0	326	0,0	355	0,0
Participações	9.466	1,8	11.875	2,1	15.016	2,3	16.819	2,6	19.546	2,9	17.422	2,5	14.342	1,9	14.321	1,8
Fundo imobiliário	927	0,2	1.112	0,2	1.908	0,3	2.191	0,3	2.617	0,4	2026	0,3	1.906	0,3	1.914	0,2
Imóveis	**16.197**	**3,0**	**20.685**	**3,6**	**25.811**	**4,0**	**28.988**	**4,5**	**31.450**	**4,7**	**32.798**	**4,8**	**32.485**	**4,3**	**32.581**	**4,2**
Operações com participantes	**13.412**	**2,5**	**14.909**	**2,6**	**16.352**	**2,5**	**17.291**	**2,7**	**18.705**	**2,8**	**19.423**	**2,8**	**19.969**	**2,6**	**19.984**	**2,6**
Empréstimos e participantes	11.468	2,1	12.995	2,3	14.593	2,3	15.685	2,4	17.217	2,6	17.950	2,6	18.546	2,5	18.602	2,4
Financiamento imobiliário	1.944	0,4	1.914	0,3	1.760	0,3	1.606	0,3	1.488	0,2	1.473	0,2	1.424	0,2	1.382	0,2
Outros*	**1.317**	**0,2**	**2.411**	**0,4**	**2.613**	**0,4**	**2.165**	**0,3**	**1.901**	**0,3**	**2.213**	**0,3**	**2.289**	**0,3**	**2.354**	**0,3**
Total	**538.417**	**100,0**	**573.729**	**100,0**	**641.725**	**100,0**	**640.328**	**100,0**	**672.054**	**100,0**	**684.916**	**100,0**	**755.096**	**100,0**	**775.768**	**100,0**

*Inclui curto prazo, referenciado, renda fixa, multimercado e Fidc.

**Inclui ações e índice de mercado.

***Inclui cambial, dívida externa, ações – companhias abertas – exterior, outros realizáveis, derivativos, outros.

A existência de investidores institucionais como os fundos de pensão foi fundamental para que o processo de privatização fosse viabilizado no Brasil, tendo em vista a escassa participação de investidores pessoas físicas em bolsa.

Inicialmente, os fundos não se conscientizaram de sua relevância como gestores, e ocuparam participação no conselho de participadas escolhendo representantes por escolhas políticas. Recentemente, essa política vem se alterando e buscam ser representados por pessoas com conhecimento do setor onde operam.

18. Globalização — efeitos nos mercados e papel do International Accounting Standards Board (Iasb)

Hoje, com as informações fluindo em tempo real, interação globalizada dos mercados e operações virtuais, temos um quadro bem diferente do passado. Para tristeza de muitos, a Bolsa de Valores de São Paulo terminou com o pregão de viva voz, tendo em vista sua pouca relevância no cômputo das operações. Foi certamente o fim de uma época. Na década de 1970, as informações não fluíam e as operações e as cotações dos diferentes títulos não eram transparentes. A força dos *insiders* era incontestável, e usavam informações privilegiadas ao seu "bel prazer".

Lembro-me também de que nos primórdios da CVM tivemos momentos difíceis, principalmente no relacionamento com as empresas públicas. Desacostumadas a dar satisfações, essas empresas tinham muita dificuldade em aceitar as novas regras do jogo e ter de se submeter às exigências do órgão regulador, como qualquer outra empresa, obrigando-as a maior transparência ao mercado.

Na época, visitei o doutor Eliezer Batista, que presidia a Vale, e o alertei quanto ao sigilo de informações relevantes, e ele imediatamente concordou em tomar medidas preventivas, limitando, ou alternativamente dando informações para todo o mercado.

O mercado externo era inacessível. O Brasil e outros países em desenvolvimento da região tinham uma economia praticamente fechada. Pouquíssimos investiam no exterior, e a recíproca era verdadeira. Somente a partir dos anos 1970 houve o início da abertura do mercado. Só para se ter uma ideia, em 1976, quando o Brasil abriu a bolsa para aplicação de capitais estrangeiros, amparado pelo Decreto-Lei nº 1401/1975, viajei à Europa, na qualidade de vice-presidente do Banco de Investimentos do Brasil (BIB), para oferecer aplicações na bolsa brasileira. O processo que foi aprovado pelas autoridades era extremamente complexo e burocrático, não permitindo aplicações diretas em ações, mas sim por meio de um fundo de investimento especialmente criado com tal finalidade.

Pude constatar que alguns países, inclusive a França, não permitiam que seus cidadãos investissem no exterior, o que somente era autorizado mediante consulta prévia ao Banco da França.

O mesmo acontecia na Alemanha e na Itália. Os países mais receptivos, do ponto de vista de aplicação no exterior, estavam no Reino Unido. Investidores e fundos norte-americanos não mostravam maior interesse pelo nosso mercado, tanto que não constituíram a base dos primeiros fundos de investimento criados no Brasil. Edimburgo, por exemplo, era a meca de grandes fundos de investimento com tradição no interesse pela aplicação de seus recursos em outros mercados. Sempre foram importantes investidores no exterior, com certo pioneirismo no investimento em mercados emergentes. O fundo Rotterdamsch Beleggings Consortium (Robeco), da Holanda, foi o pioneiro a se interessar pelo mercado brasileiro, e conferiu ao BIB a gestão durante muitos anos do fundo Robrasco, especialmente criado para receber seus recursos, até que a inflação descontrolada desmotivou-os a permanecer no país.

Estava em viagem preparatória no exterior acerca do interesse de estrangeiros no mercado quando a legislação (Decreto-Lei nº 1.401) foi sancionada. Bastante complexa, pois entre outras coisas não permitia que o investidor estrangeiro aplicasse diretamente nas empresas negociadas em bolsa. Seria por meio de um fundo de investimentos especialmente criado para tal finalidade e gerido por instituições financeiras nacionais, contrato de gestão etc. Havia diferentes tipos de contrato, regulando a relação entre o investidor e gestor, custódia etc.

Em Londres, fui informado de que finalmente a legislação havia sido sancionada, com as complexidades indicadas. Com a ajuda de uma ex-secretária, que por coincidência trabalhava no nosso consulado em Londres, preparamos toda a documentação adaptando-a à Robeco (e que requereu horas de trabalho no Hotel Savoy) para ir a Holanda e apresentá-la aos gestores da empresa. Mr. Brower foi muito receptivo e, para facilitar minha vida, dispôs-

-se a encontrar-me no aeroporto de Amsterdã — Schiphol, para discutirmos a possível aplicação.

Quando ainda estava na metade do primeiro dos diferentes documentos que haviam sido preparados em Londres, ele interrompeu-me e disse o seguinte: "Doutor Teixeira, estive no Brasil, visitei sua instituição e o conceito que ela tem no mercado. Não existe nenhuma documentação ou papelada que possa nos proteger. É uma relação de confiança que estamos estabelecendo. Volte ao seu país, simplifique o que for possível, e estamos dispostos a investir US$ 15 milhões".

Acabamos criando o fundo especializado (Robrasco), no qual formamos um conselho de administração em que eles estavam presentes, além de representantes da Phillips, e de Arie de Geus, da Shell, que muito nos ajudou com seus cenários alternativos (foi pioneiro nesse tipo de abordagem).

O processo mais efetivo de internacionalização do mercado brasileiro começou no fim da década de 1980, sendo seu marco inicial a edição da Resolução CMN nº 1.289/1987 e de seus anexos. A partir da década de 1990, a economia do país deu sinais de aceleração, abrindo-se para o mercado externo e permitindo a atuação de investidores estrangeiros no território nacional.

O Brazil Fund foi organizado com o apoio do governo brasileiro, dentro do esforço de abrir nosso mercado de capitais para os investidores estrangeiros. Foi o primeiro veículo destinado a investir em ações brasileiras, registrado para uma oferta pública nos Estados Unidos.

Iniciou suas operações em abril de 1988, em sequência a uma oferta de 12 milhões de ações vendidas a US$ 12,50. O The First Boston Corporation foi selecionado pelo governo brasileiro como um dos líderes do *underwriting* na campanha da divisão de mercado de capitais da Merril Lynch Inc. O Brazil Fund era um fundo de investimento fechado e tinha suas ações negociadas na Nyse.

Inicialmente, fiz parte de seu conselho consultivo, juntamente com Carlos Moacyr Gomes de Almeida, Geraldo Hess, Julien Chacel e Otto Bohn. Posteriormente, passei para o seu conselho de administração, acompanhando Ronaldo Nogueira, meu colega de faculdade e um profissional de longa data ligado ao mercado de capitais, e que criou a IMF Editora. Hoje, seu filho, Ronnie Nogueira, edita a bem-sucedida *Revista RI — Relações com Investidores*.

Em 2005, seus acionistas optaram por liquidar o fundo, distribuindo seu patrimônio de forma líquida aos acionistas.

Desde então, constatamos um mercado financeiro e de capitais progressivamente interconectado.

A globalização, ou mundialização, como alguns preferem, tem duas vertentes. A primeira é que algumas atitudes que eram toleráveis no mercado fechado — no qual as regras do jogo eram acertadas, pois se tratava de uma espécie de clube fechado — mudaram, o que é obviamente positivo. São novos padrões de comportamento e novas regras aos quais os agentes de mercado devem se submeter. A questão da governança corporativa, por exemplo, é uma adaptação de conceitos adotados em outros países e que está sendo continuamente assimilada. Para concorrer, os mercados devem ter uma governança determinada no levantamento de recursos.

Outra vertente nos mercados está ligada ao fato de que, efetivamente, temos dois níveis de atores. De um lado, aqueles que atuam de fato e estão sujeitos às regras do jogo, pois já têm um porte que os obriga a usar uma posição adequada, com políticas compatíveis com as regras da globalização. Por outro lado, há os que continuam operando em mercados locais, sem acesso aos mercados globais e que, portanto, não se sentem obrigados a regras de conduta mais exigentes. Com o tempo, ficarão marginalizadas, a menos que se ajustem às novas exigências.

Episódios dos últimos cinco anos mostram que empresas que passaram a ter ações negociadas no mercado externo (particularmente EUA) têm de se sujeitar às regulações desses mercados, principalmente, da SEC e do Departamento de Justiça (DOJ).

Em 1983, foi criada a Organization of Securities Commission (Iosco), congregando as comissões de valores mobiliários de todo o mundo, com o objetivo de uma troca de ideias e de experiências sobre seus respectivos mercados. A CVM foi uma das fomentadoras dessa iniciativa, e umas das primeiras reuniões realizou-se no Brasil, anteriormente à criação formal da Iosco.

Com o objetivo de buscar a convergência de normas contábeis, em 2001 surge o International Accounting Standards Board (Iasb). O Iasb, cujos objetivos foram delineados em sua fundação por seus *trustees* (curadores), liderados por Paul Volcker, vem envidando esforços no sentido de propor normas adequadas para aceitação universal e aumentar a utilidade e credibilidade das demonstrações financeiras das empresas que emitem valores mobiliários em diferentes mercados internacionais.

Fiz parte de seu primeiro conselho curador como único representante da América Latina, onde desenvolvi um bom relacionamento com Paul Volcker.

Esses esforços visavam a adotar padrão de excelência na mensuração e na divulgação de ativos, exigibilidades, patrimônio e resultados, como pré--condição para mercados de capitais mais fortes e eficientes que contribuirão para que empresas capitalizadas cada vez mais proporcionem a geração de renda e de empregos.

Além disso, o quadro para as normas contábeis globais já está em vigor em grande parte do mundo. Dentro do G20, 3/4 dos países estarão fazendo uso doméstico dos padrões IFRS.

Mesmo que os EUA não permitam o uso doméstico dos padrões IFRS, investidores norte-americanos investiram mais de US $ 7 trilhões em empresas que utilizam os padrões IFRS. Muitas empresas americanas têm subsidiárias que produzirão relatórios/balanços em conformidade com o IFRS, enquanto cerca de 500 empresas estrangeiras listadas nos mercados americanos indicam usar tais padrões.

Por essas razões, o Iasb está empenhado em manter as normas IFRS tão convergentes quanto possível ao US Gaap. O Iasb afirma que, se o Conselho de Normas de Contabilidade Financeira (Fasb) trouxer boas ideias antes dele, então irá roubá-las o mais rapidamente possível. Eles afirmam não ter vergonha de tal atitude, e boas ideias de contabilidade não podem ser patenteadas!

É o caso da governança corporativa na Europa. Nos EUA, Canadá e Grã--Bretanha, onde o capital da maioria das empresas de capital aberto é pulverizado, o fulcro da governança corporativa é o de proteger os acionistas dos administradores. Na Europa continental e na América Latina, onde a figura do acionista controlador predomina, a prioridade da governança corporativa é a de proteger os acionistas minoritários do controlador. Convém lembrar que temos assistido a muitos casos de abuso das minorias, que da mesma forma devem ser evitados.

Lembro ainda os bons resultados que o Comitê de Auditoria, exigido para as instituições financeiras, vem alcançando em benefício da qualidade da governança, mormente no tocante à avaliação dos serviços prestados pelo auditor independente externo e da própria auditoria interna. Os comitês de auditoria têm divulgado, acompanhado e fiscalizado os procedimentos referentes ao cumprimento de dispositivos legais, além de elaborar recomendações e aprimorar as políticas internas e as diretrizes das empresas, e reportar-se ao Conselho de Administração. Sempre enfatizei a importância dos comitês de auditoria e a defesa de que fossem obrigatórios nas companhias componentes do Novo Mercado. A participação em comitês de auditoria fornece uma visão bem mais detalhada da situação da empresa com a oportunidade de poder periodicamente solicitar todos os esclarecimentos, o que nem sempre é possível obter nas reuniões de conselho.

19. Integração regional e participação em termos de inserção internacional

Após desligar-me da CVM, e buscando distanciar-me de temas diretamente liga-dos ao mercado de capitais, que até então haviam ocupado minha vida profissional, aceitei o convite de presidir o capítulo brasileiro do Conselho de Empresários da América Latina (Ceal), posição que ocupei durante oito anos, tendo nos últimos dois anos, de 1998 a 2000, também presidido seu capítulo internacional.

O Ceal, que mais recentemente passou a ser Conselho Empresarial da Amé-rica Latina, foi constituído pelos empresários privados mais importantes da América Latina, com o objetivo de estimular a participação dos seus membros nas correntes de intercâmbio e cooperação entre os países latino-americanos, nos quais possa contribuir para o fortalecimento de seus vínculos recíprocos e para o progresso socioeconômico de suas respectivas nações.

O Ceal nasceu formalmente no dia 19 de fevereiro de 1990, na Cidade do México, muito embora a iniciativa de sua criação tenha sido dos argentinos, com o apoio do Brasil e do Chile, como resposta às tendências de globalização da economia mundial e de desenvolvimento da estrutura de blocos econômicos que buscavam o crescimento mundial do livre mercado e dos processos de integração regionais, entre os quais podemos citar: Tratado Norte-Americano de Livre Comércio, Mercosul, Pacto Andino, G3 etc.

Seus objetivos fundamentais foram assim definidos:

- promover o conhecimento mútuo, a inter-relação pessoal, a formação de vínculos empresariais e o relacionamento entre seus membros e, em geral, entre os empresários latino-americanos;

- organizar o intercâmbio sistemático de ideias e informações entre seus membros;
- proporcionar foro adequado para o esclarecimento e o debate das principais questões relativas aos processos político e econômico da América Latina e o papel da empresa privada no contexto de cada país, favorecendo troca de experiências bem-sucedidas;
- favorecer o desenvolvimento da integração econômica entre os países da América Latina e contribuir para o melhoramento da situação econômica e social da região;
- apoiar os esforços orientados ao fortalecimento dos conceitos que são parte do "desenvolvimento sustentável", apoiando projetos de educação e de difusão cultural na região.

Estrutura

Em 2016, o Ceal contava com a participação de mais de 600 empresários, agrupados em torno de 21 capítulos constituídos pelos seguintes países:

Argentina	El Salvador	Paraguai
Bolívia	Estados Unidos	Peru
Brasil	Guatemala	Porto Rico
Chile	Honduras	República Dominicana
Colômbia	México	Uruguai
Costa Rica	Nicarágua	Venezuela
Equador	Panamá	

Os membros do Ceal são, em sua maioria, empresários representativos, tais como gestores ou conselheiros de companhias e grupos de empresas.

Cada Capítulo possui uma estrutura e a forma de conduta que seus integrantes locais considerem mais adequadas para atingir seus objetivos.

Curioso anotar que o Ceal foi basicamente uma iniciativa de empresários argentinos que entraram em contato com um grupo representativo de empresários brasileiros tendo como objetivo básico a integração. Assim, o argentino Ricardo Esteves procurou vários empresários de primeira linha da América do Sul para se unirem em torno dessa ideia.

VALEU A PENA!

Hoje, a estrutura do Ceal tem maior presença nos países da América Central e no México, muito embora o Brasil e a Argentina continuem bem atuantes.

Relevância da reunião plenária

O Ceal realiza sua Reunião Plenária Anual na qual se expõem e se analisam temas relativos aos seus objetivos e à situação econômica, social e política da região e dos países-membros. Também são realizadas duas reuniões durante o ano que reúnem a Diretoria Internacional, presidentes dos capítulos e convidados. É a chamada reunião do conselho expandido, alternando-se o local de sua realização visando a um maior conhecimento dos países associados.

Outro ponto importante é o fomento da inter-relação entre seus membros, tanto no âmbito profissional e de negócios quanto no social e pessoal.

Tem sido uma experiência muito rica, possibilitando o convívio com todos os países da região e seus principais empresários, com suas oportunidades e desafios.

Ao longo de muitos anos de convívio, constatei muitos pontos em comum, tais como desigualdade na distribuição de renda, problemas crônicos na área de saúde e da educação, democracia em busca de um maior equilíbrio e empresários em geral pouco internacionalizados. Mas, no geral, povos que buscam ascensão social e são trabalhadores dedicados.

Alguns projetos em conjunto foram desenvolvidos por empresários do setor privado, como experiências bem-sucedidas na área de educação.

Outro ponto em comum que constatamos é a existência de mercados de capitais ainda pouco desenvolvidos, com nível de poupança insuficiente e forte predileção dos investidores por operações de títulos de renda fixa.

Comumente, nas reuniões internacionais de que participei (além do Ceal), constatou-se baixa presença empresarial. Nos painéis, raramente contávamos com participantes expressivos de nossa região. Somos muito falantes internamente, mas tímidos em eventos externos e pouco motivados a marcar presença.

Ficam cada vez mais evidentes as diferenças entre nossos países. É difícil falar em América Latina como um todo uniforme e com visões convergentes. As gestões do processo político-econômico-social regem-se por conceitos muito distintos na forma de exercer a democracia e o livre direito de manifestação de seus cidadãos. Prevalecem posições antagônicas no polo político com alguns países pregando uma forte posição do Estado (bolivarianos) e ostensivo repúdio aos EUA, enquanto outros, embora reconhecendo que não pode deixar de haver uma participação do Estado, ainda assim favorecem uma posição de prevalência do mercado.

Pelas razões conhecidas, não se discute nossa importância na região, destacada em eventos internacionais, mas quando chegam os momentos de decisão, onde o Brasil naturalmente poderia ser líder, surgem divergências de opinião em diferentes temas e dissensões para adotar políticas em comum. Do ponto de vista dos grandes *players* externos, nosso espaço ainda é limitado. Como exemplo, nossos maiores vizinhos nunca nos deram apoio para obter um assento no Conselho de Segurança da ONU.

Durante os últimos quatro meses de 2016, quando participei como *visiting scholar* na Universidade de Colúmbia, foram poucas as situações em que nossa região foi comentada e seus problemas analisados. Nos debates pré-eleitorais dos Estados Unidos, que acompanhei, a América do Sul era solenemente ignorada. Era como se não existíssemos no mapa geopolítico!

Inspirado no Transatlantic Dialogue, em 1999, participei da criação do capítulo do Mercosul do Mercosur European Business Forum (MEBF), cuja função fundamental é aproximar os empresários do Mercosul aos da União Europeia com vistas à criação de um mercado comum. Por detrás dessa ideia estava a experiência prática. Cabe aos empresários buscar acelerar as correntes de comércio e abrir novos mercados. Fui o primeiro copresidente representando o Mercosul que, na sequência foi assumido por Luiz Fernando Furlan, Ingo Ploeger e Carlos Mariani Bittencourt. Já se passaram quase 20 anos e até o momento nenhum resultado concreto foi alcançado. Novamente, no início de 2017, o tema voltou a ocupar a agenda diplomática. Vamos aguardar com otimismo que realmente haja avanços. Seria certamente um passo importante para marcar posição do Mercosul no cenário geopolítico e comercial mundial.

Dentro dessa linha de raciocínio que me parecia fundamental para ter uma visão de mundo menos paroquial e abrir meus horizontes para além de nossas fronteiras, fui um dos fundadores do Centro Brasileiro de Relações Internacionais (Cebri), criado sob a inspiração e participação do então ministro Luiz Felipe Lampreia, onde continuo como membro de seu Conselho Curador desde sua criação em 1998 e do qual recentemente fui eleito conselheiro emérito.

Também estou no meu terceiro mandato como membro do *board* do Interamerican Dialogue de Washington, que busca maior aproximação e melhor entendimento dos países da América Latina com a comunidade norte-americana, tendo sido reconhecido como um importante *think tank* no relacionamento com nossa região.

Fui um dos fundadores do Foro Iberoamerica, criado pelo saudoso escritor mexicano Carlos Fuentes e pelo empresário argentino Ricardo Esteves, hoje presidido por Ricardo Lagos e Fernando Henrique Cardoso, onde faço parte do *Comité de Dirección* do Capítulo brasileiro, juntamente com João Roberto Marinho, Nélida Piñon e Joaquim Falcão.

Por último, mas não menos importante, participo como membro do Conselho de Orientação do Gacint no Instituto de Relações Internacionais (IRI/USP), que organiza as periódicas e sempre interessantes reuniões do Grupo de Análise e Conjuntura Internacional (Gacint), onde temos um laboratório para debates de nossa inserção mundial.

Em função de minha inserção na área internacional, recebi a Comenda da Ordem do Rio Branco. Fui também escolhido como Homem do Ano pela Câmara de Comércio Brasil-Alemanha, bem como também pela Câmara de Comércio Brasil-México. Isso devido ao meu empenho em uma maior aproximação no comércio e nos investimentos entre os dois maiores países da região.

Esse variado leque de representações possibilitou-me, e continua proporcionando, uma ampla visão do complexo cenário internacional que estamos vivendo e suas possíveis implicações para o Brasil. Nada nos faz crer que em futuro próximo tal cenário irá desanuviar, o que nos obriga a estar permanentemente atualizados e acompanhando esse processo de mudanças.

20. Ética no mercado — divulgação de fato relevante

Vamos nos restringir especificamente ao mercado de valores mobiliários. A ética no negócio está principalmente ligada à disponibilidade de informações iguais por todos os agentes, de forma que *insiders* não sejam privilegiados e que ordens de compra e venda sejam executadas pelo melhor preço. Quando compro ou vendo um valor mobiliário, tenho de ter à disposição todas as informações que me permitam fazer um julgamento apropriado sobre o que estou comprando. A bula dos remédios tem essa função: informar sobre os possíveis riscos de um determinado medicamento, muito embora não estejamos acostumados com sua leitura. Você não pode omitir dados negativos em suas operações que inibam fazer um julgamento imparcial sobre elas. Por exemplo, nos Estados Unidos os anúncios de medicamentos são apresentados com todas as contraindicações possíveis.

Os escândalos no início dos anos 2002 nos EUA foram motivados, entre outras causas, por pessoas que usaram informações privilegiadas para infringir códigos de ética e que atuavam, de alguma maneira, contra os interesses daqueles que, de boa-fé, estavam comprando ou vendendo as ações. No caso da Enron (em 2001), seus resultados foram artificialmente inflados e alguns de seus dirigentes venderam ações. É preciso respeitar os códigos éticos vigentes para que isso realmente não seja feito em detrimento do interesse de quem está respeitando a lei. Os números divulgados pelas empresas devem refletir a realidade de sua situação econômico-financeira. Os acionistas têm de estar preparados para assimilar as más notícias. Não as divulgar certamente não é a solução. Aliás, o caso Enron foi certamente um dos fatores que propiciaram a criação do Iasb.

VALEU A PENA!

Existem situações em que uma grande empresa deu transparência a informações supostamente negativas e, surpreendentemente, o efeito no mercado foi positivo. Por quê? O mercado desconfiava de que alguma coisa boa não estava sendo revelada, mas quando finalmente foram divulgadas, as informações não apresentavam uma forma tão negativa, demonstrando que a verdade é sempre o melhor caminho.

Informações desatualizadas e enganosas criam mercados imperfeitos. Então surge a necessidade da divulgação do fato relevante. Cada vez que uma empresa é detentora de um dado que ela acha que possa afetar o curso da negociação dos seus papéis no mercado, eticamente deve ser obrigada a divulgá-lo para que todos, que comprem ou vendam o valor mobiliário, dele tenham conhecimento. No entanto, é preciso ter cautela, pois, às vezes, não é seguro nem para a própria empresa divulgar fatos por não ter certeza do que poderá acontecer no dia seguinte. Portanto, esse tipo de informação pode induzir a erro. Deve-se ter consciência de que existe o momento certo para fazer a divulgação de certas informações.

Outro tema importante é o do *insider trading*, ou seja, pessoas com acesso a informações privilegiadas que delas fazem uso para benefício pessoal ou de terceiros.

Cabe à CVM zelar principalmente pela qualidade e quantidade de informação disponível aos investidores e não interferir na sua decisão. Repito que de forma alguma ela deve substituir o investidor em sua capacidade de decisão. Ele deve estar informado e em posse de todos os dados disponíveis para tomar uma decisão consciente, avaliando bem os riscos.

E, falando em ética, é digno de menção que, a convite do presidente Fernando Henrique Cardoso, fui um dos escolhidos para compor o primeiro colegiado da Comissão de Ética Pública (CEP), subordinado à Presidência da República, lançada em Brasília em 26 de maio de 1999. Foram meus companheiros iniciais dessa jornada: João Geraldo Piquet Carneiro (que a presidiu), Lourdes Sola, Celina Vargas do Amaral Peixoto e Miguel Reale Jr. (que foi um dos subscritores do *impeachment* da presidente Dilma Rousseff). Criamos e implementamos o Código de Conduta da Alta Administração, que serve de base na definição de como os funcionários de primeiro escalão devem se comportar. Baseado no que temos visto nos últimos três anos, não tem sido totalmente praticado, havendo ainda muitos aperfeiçoamentos a serem feitos.

21. Cuidando das notícias e a responsabilidade da imprensa

O grau de responsabilidade da imprensa é relevante em todos os setores e mais ainda no que diz respeito ao mercado de capitais. Entre tantos casos rumorosos, no início da CVM, talvez o mais interessante tenha sido o relacionado com o escândalo chamado Caso Petrobras. Em 1974, o então *Jornal do Brasil*, do Rio de Janeiro, deu, em primeira mão, em manchetes, e com algum destaque, notícias sobre a descoberta de campos petrolíferos na região de Campos. Só para constar, apenas três anos após essa divulgação, seria perfurado o primeiro poço com resultados. Chegavam notícias à CVM de que teria havido *insiders* do governo e do próprio jornalismo que teriam tido acesso a essa informação em primeira mão.

Iniciamos um processo administrativo que levou três meses, no qual fizemos várias entrevistas, compilamos muitas informações e examinamos declarações de bens das pessoas envolvidas, a fim de confrontar dados. Foi um mergulho na realidade dos porões dos mercados até então desconhecida. Lembro-me de uma figura conhecida no Rio de Janeiro, ocupante de uma posição de destaque, que não operava diretamente na bolsa. Quem o fazia era seu chacareiro, de Teresópolis, um "laranja", ou seja, uma terceira pessoa usada pelo investidor. Emitimos várias recomendações de como a imprensa deveria tratar fatos dessa dimensão, evitando a divulgação de notícias não comprovadas e também inibindo seus redatores de operar com essas ações.

O texto final foi divulgado com diferentes recomendações, entre elas as de que os órgãos da imprensa deveriam ser mais cuidadosos e que, definitivamente, os repórteres envolvidos com tais matérias deveriam sujeitar-se a códigos internos de ética que os inibissem de operar nos títulos sobre os quais seu noticiário fizesse referência, que era o que de fato vinha acontecendo.

Curioso que nosso relatório, apresentado ao ministro Mário Henrique Simonsen, foi-nos devolvido com vários comentários a lápis feitos pelo próprio presidente Geisel.

Atualmente, nos códigos de princípios existentes nos quadros dos maiores periódicos brasileiros, esse tipo de recomendação está inserido.

Outra situação que marcou a administração que me sucedeu na presidência da CVM (Jorge Hilário Gouvea Vieira) foi o chamado Caso Vale, em abril de 1980, quando o governo fez uma venda maciça de ações da companhia sem nenhum aviso prévio e sem os necessários registros de uma venda, que por suas características era uma emissão secundária, o que inclusive gerou um inquérito e situação de atrito entre as duas organizações.

VALEU A PENA!

Formatura na Faculdade Nacional
de Ciências Econômicas (1960)

Equipe de vendas Deltec, 10 de maio de 1960. Presentes: Richard Barnes, Hélio Roberto e Octavio Nascimento (que veio a ser o diretor de vendas do BIB)

Visiting Scholar, University of Illinois, Student Leader Seminar in Economics. João Paulo dos Reis Velloso (o segundo na primeira fila da direita para esquerda), Roberto Teixeira da Costa (último a esquerda na fila de cima)

Com Marcos Pereira Viana (presidente do BNDES)

Lançamento das Ações Fundição Tupy S.A. Helmut Berg, Gerald Kielwager e Hans Dieter Schmidt

Propaganda em revista, Fundo Crescinco

Propaganda em revista, Univest

Proagandas em revistas

Lançamento das Ações da CESP (1967). Roberto Teixeira da Costa, Lucas Nogueira Garcez, Laudo Natel e Carlos Antônio Rocca (entre outros)

Simpósio do Mercado de Ações (1974). Roberto Teixeira da Costa, Frederico Gerdau Johannpeter, Hans Dieter Schmidt e Modesto Carvalhosa

Tomas Zinner, Fernando Moreira Salles, Roberto Teixeira da Costa, Sérgio Augusto Ribeiro e Gabriel Jorge Ferreira

Reunião da diretoria do Unibanco. Da esquerda para a direita: Helio Marques Vianna, Roberto Teixeira da Costa, Roberto Bornhausen, Walther Moreira Salles (presidente), Tomas Zinner, Hélio Pires de Oliveira Dias, Marcilio Marques Moreira (vice presidentes)

Reunião Fundo Crescinco: Walther Moreira Salles, Roberto Teixeira da Costa; orador: Octavio Cesar Nascimento (diretor de vendas BIB), Juracy Magalhães, Mario Toledo de Moraes, Mauro Paes de Almeida. A esquerda: Helio Xavier de Salles

Evento do Unibanco. Da esquerda para a direita: Walther Moreira Salles, Roberto Teixeira da Costa, Bellini Cunha

Correspondência de José Luiz Bulhões Pedreira a Roberto Teixeira da Costa encaminhando o primeiro rascunho da reforma da Lei das S/A (1975)

Da esquerda para a direita: Hugo Miguel Etchenique (Brasmotor), Fernando Henrique Cardoso, Roberto Teixeira da Costa e Adolpho Lerner no Museu de Arte Moderna de São Paulo

Bolsa de Valores de Madri: com Alfredo Rizkallah, (ao centro) Roberto Jaguaribe e dirigentes da Bolsa local

Primeiro Colegiado da CVM. Antônio Milão, Jorge Hilário Gouvea Vieira, Roberto Teixeira da Costa, Ney Carvalho e Geraldo Hess

Reunião-almoço da Associação das Sociedades Corretoras de Valores e Câmbio do Estado de São Paulo, 1977. Alfredo Rizkallah, Carlos Eugênio Lefreve, Roberto Teixeira da Costa e Américo Campiglia

Almoço na Bovespa, 1977. Carlo Liberal, Mario Henrique Simonsen, Manoel Pereira Lopes, Roberto Teixeira da Costa e Alfredo Rizkallah

Reunião do Comitê de Investimentos do BIB, 1966. Júlio Vianna e Roberto Teixeira da Costa

Aumento de Capital da Brasilpar Comércio e Participações S.A., 1980

PROSPECTUS

12,000,000 Shares
The Brazil Fund, Inc.
Common Stock
($.01 par value)

The Brazil Fund, Inc. (the "Fund") is a newly organized, non-diversified, closed-end investment company. Its investment objective is long-term capital appreciation through investment in securities, primarily equity securities, of Brazilian issuers. The Comissão de Valores Mobiliários (the "Brazilian Securities Commission"), by Deliberation No. 061 (March 8, 1988), has authorized the Fund under applicable Brazilian regulations and has determined that no other investment company organized outside of Brazil to invest in Brazilian securities will be authorized for public offering outside of Brazil prior to January 1, 1989. The Fund's policy is normally to invest at least 70% of its total assets in common and preferred stocks of companies registered with the Brazilian Securities Commission and listed on the Brazilian stock exchanges or traded in over-the-counter markets. The balance of the Fund's assets is expected to be invested in debt securities of the Brazilian government, the Brazilian Central Bank and Brazilian publicly held companies, and in certain related repurchase agreements. Pending investment in Brazil, to be completed within one year of the date of this Prospectus, the Fund will invest in dollar-denominated money market instruments. No assurance can be given that the Fund's investment objective will be realized.

Investment in Brazil involves certain special considerations, such as restrictions on foreign investment and repatriation of capital, price volatility and lesser liquidity of the Brazilian securities markets, fluctuations of currency exchange rates, high rates of inflation, Brazil's foreign debt, governmental involvement in the economy and political and other considerations, which are not normally involved in investments in the United States and which may be deemed to involve speculative risks. See "Investment Objective and Policies" and "Special Considerations." The address of the Fund is 345 Park Avenue, New York, New York 10154, and its telephone number is (212) 326-6200.

Scudder, Stevens & Clark, Inc. will manage the Fund. Atlantica S/A Distribuidora de Títulos e Valores Mobiliários will act as Brazilian research adviser, and Planibanc S/A Distribuidora de Títulos e Valores Mobiliários will act as Brazilian administrator and economic adviser.

Prior to this offering, there has been no public market for the Common Stock. The Fund's application to list the shares of Common Stock on the New York Stock Exchange has been approved.

THESE SECURITIES HAVE NOT BEEN APPROVED OR DISAPPROVED BY THE SECURITIES AND EXCHANGE COMMISSION NOR HAS THE COMMISSION PASSED UPON THE ACCURACY OR ADEQUACY OF THIS PROSPECTUS. ANY REPRESENTATION TO THE CONTRARY IS A CRIMINAL OFFENSE.

	Price to Public	Underwriting Discount	Proceeds to the Fund(1)
Per Share	$12.50	$.875	$11.625
Total(2)	$150,000,000	$10,500,000	$139,500,000

(1) Before deducting offering expenses payable by the Fund, estimated to be $1,051,000, which includes $200,000 to be paid to the Underwriters in partial reimbursement of their expenses.

(2) The Fund has granted the Underwriters an over-allotment option to purchase up to 800,000 additional shares on the same terms and conditions as set forth above. If the option is exercised in full, the total Price to Public, Underwriting Discount and Proceeds to the Fund will be $160,000,000, $11,200,000 and $148,800,000, respectively. See "Underwriting."

Investors are advised to read this Prospectus and to retain it for future reference.

The shares are offered by the several Underwriters when, as and if issued by the Fund and delivered to and accepted by the Underwriters and subject to their right to reject orders in whole or in part. It is expected that the shares will be ready for delivery on or about April 8, 1988. See "Underwriting."

The First Boston Corporation   Merrill Lynch Capital Markets

The date of this Prospectus is March 31, 1988.

Prospecto The Brazil Fund Inc, março de 1988

Jantar do Conselho Empresarial da América Latina (Cosme Velho/RJ). Roberto Teixeira da Costa, Lily Marinho e Roberto Marinho

Lançamento do livro de Roberto Teixeira da Costa na CVM, 2006. Ex-presidentes da Comissão de Valores Mobiliários. Da esquerda para a direita: Jorge Hilário Gouvea Vieira, Marcelo Trindade, Francisco Costa e Silva, Roberto Teixeira da Costa, Luiz Cantidiano e Thomas Tosta de Sá

Posse Codimec, 1981. Da esquerda para a direita: Roberto Saboya, Teixeira da Costa, Adroaldo Moura da Silva (presidente da CVM) e Bulhões Pedreira

Reunião do Conselho da Brasilpar, em Araxá (MG). Hugo Miguel Etchenique, Walther Moreira Salles, José Alberto de Camargo, João Fortes, Paulo Villares e Victorio Cabral, Marcio Fortes, Murillo Mendes, Roberto Bornhausen, Paulo Cunha, Roberto Dutra Vaz, Jean Patrick Toulemonde, Nicholas Reade e Luiz Spinola, entre outros

Reunião do Conselho da Brasilpar com a presença do Ministro Camilo Penna, 26/3/1981. Paulo Villares (de costas), à sua direita Walther Moreira Salles e à esquerda Roberto Teixeira da Costa

Reunião do Conselho de Administração Companhia Brasileira de Distribuição (CBD). Da esquerda para direita: Mailson da Nóbrega, Abílio Diniz, Valentim Diniz e Roberto Teixeira da Costa

Felipe Cavalcanti (diretor presidente do Banco Sul América), Roberto Teixeira da Costa e Rony Lyrio (presidente do Conselho do Banco Sul América)

Antiga SAGA, Sul América Gestão de Ativos, hoje SulAmerica Investimentos, comemorando 20 anos em 2017. A minha direita meu filho Rodrigo Teixeira da Costa

Aniversário de Mauro Salles, Editora Abril. Francisco Mesquita, Maurício Sirotzky, Jayme Sirotsky, Mauro Salles, Roberto Bornhausen, Hugo Miguel Etchenique, Paulo Salles, Luiz Fernando Levy, Walter Fontoura, Lázaro Brandão, Said Farah, Alcides Tapías, Luiz Salles e Thomas S. Correa, entre outros

Paulo Egydio Martins e Roberto Teixeira da Costa

Reunião do Conselho São Paulo Alpargatas. Sentados: Sérgio Melão, Keith Bush, Hugo Miguel Etchenique. De pé: Carlos Pires Oliveira Dias, Fernando Botelho, Paulo Reis Magalhães, Paulo Villares, Luiz Nascimento, Diego Bush, Martin Affonso dos Anjos e Roberto Teixeira da Costa

Roberto Teixeira da Costa e José Mindlin

Noite de autógrafos: lançamento do livro de Roberto Teixeira da Costa em São Paulo, 2006. Milu Villela e Roberto Teixeira da Costa

Sede do Banco Itaú em São Paulo, 2009. Roberto Teixeira da Costa, Olavo E. Setúbal

Com Eliezer Batista e Cacilda Teixeira da Costa na reunião do Ceal, em Santa Cruz de la Sierra

Visita de Mário Vargas Llosa a São Paulo. Hugo Miguel Etchenique e Roberto Teixeira da Costa

Prêmio Franco Montoro da Câmara de Comércio Brasil – México, 2000

Henrique Meirelles, Eva Missine e Roberto Teixeira da Costa

Rio de Janeiro, 2006. Maria Inês Kujawski, Marco Antônio Moreira Leite, Roseli Mayan e Roberto Teixeira da Costa

Evento Sul América, Pra Super Campeões Tivoli, 2015. Cacilda Teixeira da Costa e Patrick Larragoiti (presidente da SulAmerica)

Foro Empresarial y Cumbre Ministerial de las Americas, 1996. Ron Brown, Thomas Mc Larty, Lazaro Mejia, entre outros

Roberto Teixeira da Costa, Paul Volcker e Pedro Sampaio Malan. Simpósio sobre Economia Brasileira, Brasil 19/4/1995, Council on Foreign Relations, NYC

Reunião do Ceal em São Paulo. Júlio Mario Santo Domingo e Henry Kissinger

Reunião MEBF, Rio de Janeiro, 1999. Gert Schröeder, Fernando Henrique Cardoso, Ingo Ploeger e Roberto Teixeira da Costa

Luiz Felipe Lampreia, Lenir Lampreia, Roberto Teixeira da Costa e Cacilda Teixeira da Costa

Reunião do Foro Iberoamérica, Campos do Jordão (SP), 2003. Guillerme de la Dehesa, Paulo Rocca, Roberto Teixeira da Costa e Carlos Slim

Reunião Foro Iberoamérica, Campos do Jordão (SP), 2003. Gustavo Cisneros, Felipe Gonzales, Roberto Teixeira da Costa

Visita do Ceal a Brasília durante a presidência de Fernando Henrique Cardoso. Roberto Teixeira da Costa, Pedro Piva, Daniel Klabin, Aluízio Araújo. Manoel Feliú (presidente do Capítulo Chileno) aparece ao lado de Pedro Piva

Posse do presidente Ricardo Lagos, maio de 2000

José Ermirio de Moraes, Jimmy Carter (39º presidente dos EUA), Roberto Teixeira da Costa

George Bush (41º presidente dos EUA) e Roberto Teixeira da Costa

Reunião em São Paulo com empresários brasileiros, julho de 2001. Roberto Teixeira da Costa, Thomas McLarty, Bill Clinton (42º Presidente dos Estados Unidos)

Visita de George W Bush (43º presidente dos EUA) a São Paulo, setembro de 2010.

Visita de Margareth Thatcher a São Paulo, 1996

22. Conselhos de Administração

Ao longo de minha extensa trajetória profissional, acumulei razoável experiência em diferentes tipos de diretorias, conselhos (administração, consultivo e estratégico), abaixo listados:

- Alpargatas;
- Banco Finatia (conselho estratégico);
- Banco Latinoamericano de Exportaciones (Bladex);
- Banco Sul América;
- Banco Surinvest (Uruguai);
- Bicicletas Monark S/A;
- BNDESPAR;
- Bolsa de Valores do Estado de São Paulo;
- Brasilpar;
- Brazil Fund;
- Brasmotor/Brastemp;
- Brix Energia e Futuros;
- Bunge Alimentos;
- Companhia Brasileira de Distribuição (Pão de Açúcar);
- Compass;
- D.F. Vasconcellos S/A;
- Equitypar;
- Freios Varga;

- Fundação Padre Anchieta/TV Cultura;
- Havas Brasil;
- Institutos Brasileiro do Mercado de Capitais (Ibmec) e de Investimentos Brasileiros S.A. (Ibrasa);
- Itaú;[8]
- Mappin;
- Máquinas Piratininga S/A;
- O Estado de S. Paulo;
- Pirelli;
- Prosegur;
- Solvay;
- SulAmérica S/A (até o momento);
- Unibanco.[9]

A questão da governança corporativa, analisada em outro capítulo deste livro, passa necessariamente pelo papel do Conselho de Administração. Sua representatividade nasceu muito antes de a governança corporativa assumir o espaço que hoje ocupa na vida das sociedades anônimas.

No final dos anos 1950, poucas empresas de capital aberto contavam com um Conselho de Administração.

Antes de se tornarem obrigatórios pela Lei das S/A (Lei nº 6.404/1976), foram organizados principalmente com o objetivo de assimilar práticas existentes em outros países, principalmente nos Estados Unidos. Poderia resumir em três grupos:

- como espaço para troca de ideias e acompanhamento conjuntural com pouca ou nenhuma interferência e participação no acompanhamento societário;
- por sugestão ou imposição de um grupo minoritário, como na abertura do capital das empresas (caso Deltec nos anos 1950-1960 — em

---

[8] Já na Brasilpar, Roberto Setubal e Alfredo Villela me convidaram para o conselho do Itaú. Após a fusão com o Unibanco, a idade limite dos conselheiros foi reduzida em dois anos e tive que abrir mão de minha participação. Não deixou de ser um aspecto curioso de minha vida profissional ter participado em momentos diferentes dessas instituições que acabaram se fundindo.

[9] Fui diretor vice-presidente do mercado de capitais até 1977, quando solicitei meu desligamento para assumir a presidência da CVM.

alguns casos até como diretores), acompanhando e opinando sobre o desempenho das empresas;

- por companhias multinacionais, particularmente norte-americanas, para melhor adaptação ao país, e contar com pessoas que tivessem influência na comunidade em que operavam e pudessem lhe abrir portas (*know how* × *know who*).

Os conselheiros tinham pouquíssima influência e não participavam do processo decisório da empresa. Aliás, regra geral, o papel de um conselho de subsidiária estrangeira ficava sem sentido! As decisões eram tomadas no exterior e comunicadas à filial, que não tinha assim espaço para alterá-las. Os conselheiros desempenhavam, assim, funções principalmente consultivas como *advisors*! Alguns preferiam que essa representação ficasse mais apropriadamente em um conselho consultivo.

Lembro também que durante um longo período os conselhos de administração somente podiam contar com pessoas físicas residentes no país, daí alguns criarem um conselho consultivo que abrigava os expatriados.

Em 1965, com a Lei do Mercado de Capitais, certas instituições que lançaram e subscreveram emissões de empresas, aproveitando os benefícios do Decreto-Lei nº 157, requisitaram assento para seus executivos na diretoria/conselho, caso existisse. Como mencionamos, esse foi o caso da Deltec e, posteriormente, do Banco de Investimento do Brasil (BIB), criado em 1966 e que foi líder de aberturas de capital (hoje mais conhecidos como IPOs).

A obrigatoriedade de formar um efetivo conselho veio com a reforma da Lei das S/A, de 1976, que estipulava que 2/3 do conselho fossem compostos por não executivos. No entanto, acionistas controladores podiam fazer parte do conselho. Definiu-se também, entre outras medidas, o dividendo mínimo obrigatório e a auditoria externa independente, ou seja, aquele totalmente desvinculado, direta ou indiretamente, com acionistas ou gestores da empresa.

Surgem defensores da transparência e, mais tarde, o conceito de "conselheiro independente".

Parte relevante de empresas de capital aberto criou conselhos exclusivos somente para atender ao dispositivo legal. Mesmo empresas de maior tradição em bolsa e que já estavam listadas como companhias abertas não tiveram a preocupação de indicar ou escolher conselheiros que pudessem agregar valor para a companhia. Não estava no seu ideário, nem no do mercado, que um conselho profissional pudesse fazer diferença.

Algumas empresas captaram os méritos de ter um conselho que pudesse dar uma contribuição efetiva para seu crescimento e ajudar na formulação de estratégias. Em várias situações, o presidente do conselho era também seu diretor presidente, ou seu principal executivo (aliás, como ainda acontece em algumas empresas norte-americanas).

Creio que os anos 1990 podem ser assinalados como um importante marco. Nota-se maior militância institucional nos conselhos, e a indiferença é substituída gradualmente pela busca de representação qualificada. Tem início a instalação e a representação nos conselhos fiscais, e os investidores institucionais buscam maior peso nos conselhos, embora com alguma resistência por certas empresas, alegando que tais pessoas teriam acesso a informações confidenciais e de uso privilegiado. Foi franqueada inicialmente a representação tão somente no Conselho Fiscal.

O que justificou a mudança de comportamento e a razão do aparecimento da militância corporativa? Alguns motivos poderiam ser lembrados:

- o Relatório Cadbury (1992) no Reino Unido deu contornos mais nítidos à importância da governança corporativa;
- a privatização aumentou sensivelmente o número de empresas negociadas em bolsa, e fundos institucionais buscaram maior representação nas companhias investidas;
- fundos de pensão, importantes investidores institucionais, principalmente aqueles ligados a empresas estatais, passaram a acumular recursos expressivos relativamente ao tamanho do mercado e com participação relevante no capital de algumas empresas, buscando, por isso, algum tipo de representação.

Seguiram o exemplo dos fundos de pensão americanos, que assumiram postura agressiva, principalmente nos casos de participações em que não pudessem ter liquidez de suas participações. Buscaram adotar posição mais proativa para atuar junto a empresas investidas, deixando assim de ser investidores passivos e buscando ter algo similar em outros mercados em que estavam investindo. *"If you can't sell join them."*

O Novo Mercado da Bovespa (2000) foi certamente um dos pontos de inflexão para a governança corporativa e, consequentemente, ressaltando o papel do Conselho de Administração.

As empresas gradualmente passaram a considerar conselhos de administração atuantes como fator positivo, compondo-os com nomes representativos do cenário político-econômico-financeiro e/ou técnicos com experiência comprovada no setor de suas atividades para transmitir sua experiência.

Os comitês do conselho passaram então a ocupar-se progressivamente com temas sobre os quais os conselheiros tinham maior e melhor conhecimento, com disposição em participar ativamente deles. Esse perfil de conselheiro vem se alterando ao longo do tempo, atendendo as necessidades conjunturais nacionais e internacionais.

O conceito de *responsabilidade* por parte dos conselheiros torna-se mais evidente, devido a algumas situações vividas por empresas na crise dos derivativos, ou em casos conhecidos no exterior de empresas negociadas na Bolsa de Nova York. Até então, a maior sensibilidade era exclusiva para conselheiros de administração de companhias financeiras por causa do bloqueio de bens, quando da intervenção do Bacen.

O IBGC, criado em 1995, passou a ter um espaço cada vez mais amplo. É lançada a ideia de qualificação de conselheiros, e diferentes publicações e cursos são disponibilizados para sua formação e treinamento.

Governança e conselhos passam a ser considerados e adotados por companhias de capital fechado e em empresas familiares. Separa-se gradualmente o interesse familiar do interesse corporativo, e formam-se conselhos distintos: familiar e de administração.

Conselheiros de companhias abertas passam a ser cobrados externamente e também autoavaliados pelos próprios conselheiros em muitas empresas.

Em algumas situações, empresas realocam seus conselheiros de administração para conselhos consultivos, principalmente empresas que fecharam o capital ou de titularidade de capital estrangeiro.

Os conselhos passam a incorporar temas que no passado não faziam parte de sua agenda, tais como: o relacionamento com diferentes públicos, passivo ambiental, sustentabilidade, a amplificação das: relações *shareholders* × *stakeholder* etc. Os códigos de ética passam a compor parte do instrumental de governança, principalmente dos eventos ligados aos desdobramentos da operação Lava Jato.

De qualquer forma, a governança continua sendo um processo evolutivo e certamente aprimoramentos continuarão acontecendo.

Em 1997, lancei a segunda edição do *Conselho de Administração — recomendações práticas para seu melhor funcionamento*, onde procurei de forma objetiva alinhar os pontos que julguei mais relevantes sobre esse tema.

Atualmente, constatamos uma alteração na percepção da função do conselheiro com crescente responsabilização.

A governança corporativa continua sendo o principal instrumento dos investidores de longo prazo, não apenas para acionistas como também para *stakeholders*. É primordial uma visão estratégica.

Em um mundo globalizado, torna-se necessária uma visão geral bem mais ampla, ressaltando como tem sido a importância da TI e de marketing global.

Surge a possibilidade de usar consultor externo independente, cada vez ocupando um espaço maior no conselho, ou separadamente nos comitês.

Finalizando, registro:

a) atribuições de conselheiros não devem substituir as da Diretoria;
b) é desejável que o Conselho de Administração forme comitês estatutários, entre eles: Auditoria, Governança, Recursos Humanos, Sustentabilidade, Estratégico;
c) os conselheiros devem receber o material que entrará em pauta com suficiente antecedência para uma análise detalhada do seu conteúdo;
d) troca de informações entre conselheiros é desejável;
e) devem haver contatos periódicos dos conselheiros com os responsáveis pelas divisões operacionais;
f) deve-se priorizar a questão estratégica nas discussões.

Atualmente participo do Conselho de Administração da SulAmerica S.A, do Conselho Superior de Estudos Avançados (Consea), do Interamerican Dialogue (Washington); Conselho Estratégico do Banco Finantia (Portugal); Conselho Consultivo Internacional da Fundação Dom Cabral e presidente da Câmara de Arbitragem do Mercado (CAM) da B3, além de várias entidades sem fins lucrativos e não empresariais.

23. Código Brasileiro de Governança Corporativa — Companhias Abertas

Resultado do trabalho conjunto de 11 entidades do mercado de capitais, o Código Brasileiro de Governança Corporativa — Companhias Abertas foi lançado em 16 de novembro de 2016 e teve como seus antecessores o Código de Melhores Práticas de Governança Corporativa do IBGC (do qual fui um dos fundadores e que vem prestando um excelente trabalho da relevância da governança corporativa) e o Código Abrasca de Autorregulação e Boas Práticas das Companhias.

Devido aos acontecimentos que impactaram a reputação de grandes empresas e também prejudicaram investidores, como nos casos da Lava Jato, o código veio como resposta aos grandes questionamentos sobre a eficácia não somente do mérito e do valor da governança corporativa como também sobre seu real cumprimento e possível falha dos agentes que atuam nessa área. No entanto, esta é a primeira vez que a CVM irá incorporar às suas normas o dever das companhias abertas de comparar suas práticas de governança corporativa com aquelas recomendadas pelo código.

O código tem como princípios básicos a transparência, a prestação de contas, a responsabilidade corporativa e a equidade, e segue o modelo "pratique ou explique", segundo o qual as companhias devem esclarecer a eventual não adoção de determinada prática de governança, tornando públicas as explicações. Está estruturado em cinco capítulos (1. Acionistas; 2. Conselho de Administração; 3. Diretoria; 4. Órgãos de Fiscalização e Controle; e 5. Ética e Conflito de Interesses). Os quatro primeiros compreendem fundamentos e práticas para os órgãos que compõem o sistema de governança, ao passo que o quinto apresenta padrões de conduta e comportamento.

O código adota a abordagem "pratique ou explique", por meio da qual a companhia informa se adota certa prática recomendada ou explica por que não a adota.

24. Privatizações e agências reguladoras

Quando foi criada a CVM, não tínhamos ainda agências reguladoras como as de hoje: do petróleo, de energia, telecomunicações e outras. Anteriormente, o Banco Central era o único regulador. Mas a lei que concebeu essas agências em seu início de vigência tinha como essência a ideia de que, efetivamente, as funções do ministério fossem redefinidas e que as regras do jogo fossem preservadas por meio das agências. Em outras palavras, criar políticas permanentes que não dependessem de quem está no poder, isto é, política de Estado e não de governo. Na prática, isso não vem acontecendo, com forte predominância de diretores indicados por motivos políticos para as agências, que não agregam valor ou conhecimento a elas.

Do ponto de vista do investidor, existem duas regras básicas: a credibilidade nas instituições e nas regras do jogo. No fundo, isso se traduz em uma palavra: previsibilidade.

O programa de privatizações dos anos 1990 foi bem-sucedido, da mesma forma que nos processos relacionados com a telefonia e a siderurgia, no período da presidência de Fernando Henrique Cardoso. Privatizações na área de telefonia, por exemplo, mudaram o perfil dos usuários. Na época, possuir uma linha telefônica era considerado um bem, inclusive declarado no patrimônio pessoal incluído nas declarações de imposto de renda.

No entanto, o processo de privatização acabou concentrando uma posição na mão de grandes grupos. Perdemos, assim, excelente oportunidade, a de ter dado um salto qualitativo pulverizando a propriedade acionária. Isso teria acontecido se tivéssemos instrumentado a privatização para que mais adquirentes fossem investidores nacionais, estabelecendo cotas mais amplas para os detentores de poupança. Seria fundamental, para criação do mercado, educar e sensibilizar os aplicadores sobre os investimentos de renda variável no longo prazo.

Vale lembrar o resultado atingido pela ação do FGTS na compra de ações da Vale do Rio Doce e da Petrobras. Defendo que deveria ter sido feita uma agressiva distribuição durante o processo de privatização. O resultado seria a criação de uma base de sustentação mais sólida. O mercado eficiente precisa de investidores, regulação, informação e divulgação.

Hoje, a internet é um mecanismo poderoso de disseminação da informação.

Parece anacrônico que as empresas ainda tenham a obrigação de divulgar anualmente seu balanço e demonstrativo em jornais de grande circulação, o que acarreta custo considerável.

A eficiência do mercado resulta da regulação, informação, intermediação e plenitude de compradores e vendedores. Ele vai funcionar com eficiência quando o número de operadores for o maior e mais diversificado possível. Com poucos investidores, a possibilidade de se associarem e formarem uma compra ou venda orquestrada é maior. Não pode haver predominância do investidor institucional. É essencial que haja uma combinação de ambos. Realisticamente, o que aqui constatamos são poupadores individuais operando principalmente por meio das instituições (PGBL, fundos de pensão, VGBL), portanto, uma participação indireta no mercado.

Na América Latina, temos discrepâncias em função do tamanho de suas economias e do número de companhias abertas. Podemos observar que o setor financeiro tem presença relevante em diferentes países, mas outros segmentos têm maior presença em função das características da economia de cada país, como poderemos mais adiante constatar.

Necessário dispor de órgãos de confiança, principalmente no que se refere à classificação de informações. As agências de risco (*rating*) ocupam esse papel para o mercado de títulos de dívida pública e privada. Discute-se muito se elas devem ou não ser reguladas, pois potencialmente têm conflitos de interesse como prestadores de serviços.

De qualquer forma, essas agências têm um efeito importante no comportamento dos mercados, não só para o *rating* como também para a classificação de risco dos países soberanos.

25. Atratividade dos mercados externos — empresas brasileiras na New York Stock Exchange (Nyse)

Em algumas situações específicas, devido às condições insatisfatórias do mercado local, várias empresas brasileiras fizeram emissões de ações diretamente da Nyse (IPOs). Outras segregaram uma determinada quantidade de ações para negociações no exterior (ADR).

Vale lembrar a importância do *float,* que significa a quantidade de ações da empresa que estão livres para serem negociadas em bolsa, portanto, fora daquelas nas mãos do controlador, ficando assim dispersas no mercado. Quanto maior o *float* da companhia, maior a liquidez das ações da empresa. Um fator que veio ampliar o *float* de empresas brasileiras foi que, durante os últimos 20 anos, as empresas de maior projeção passaram a ser negociadas também na Bolsa de Nova York. Por essa razão, em muitos casos, com o aumento da oferta a ação ganha mais liquidez e, com isso, seu preço pode subir.

Como acontece? As empresas reservam certo número de ações e as transformam no que se chama *American depositary receipts* (ADRs), que guardam uma relação de equivalência com o número de suas ações disponíveis.

Algumas empresas partiram para emitir ou distribuir ações nas aberturas de capital (IPOs) na Bolsa de Nova York por meio de ADRs tais como: Ambev, Ultra, CBD, entre outras.

Em janeiro de 2017, 25 empresas brasileiras estavam sendo negociadas nas bolsas americanas, entre as quais podemos citar como mais relevantes: Ambev, Bradesco, Santander, Embraer, Fibria, Gerdau, Gol, Itaú-Unibanco, Petrobras e Vale.

Muitas empresas brasileiras têm suas ações com maior negociabilidade no exterior, principalmente na Nyse, do que aqui. E com maior responsabilidade, pois há mais rigor do ponto de vista de qualidade de informação e de transparência. Isso é saudável para a melhoria de nossa cultura financeira. Uma dessas exigências foi a Sarbanes-Oxley (SOX), criada em resposta ao escândalo Enron. Foi criada a obrigatoriedade dos comitês de auditoria e de controles internos mais rígidos.

Deve-se levar em consideração que no exterior, principalmente nos EUA, temos visto a intensificação das chamadas *class actions*, que são iniciativas fomentadas por escritórios de advocacia com o objetivo de abrir processos contra as empresas ali negociadas, por eventuais comportamentos não apropriados ou sem transparência, por eles considerados em detrimento dos acionistas detentores de ADRs.

O jornal *Valor Econômico*, em sua edição de 21 de março de 2017, noticiou que advogados americanos buscavam delatores:

> Funcionários de empresas brasileiras com ações negociadas em Nova York e de multinacionais instaladas no Brasil têm recebido cartas de advogados americanos estimulando a apresentação de denúncias sobre corrupção à Securities and Exchange Commission (SEC), órgão regulador do mercado de capitais dos Estados Unidos. O incentivo: receber recompensas que variam de 10% a 30% do valor recuperado em caso de punição da empresa envolvida.

Como se pode constatar, os mais importantes países da América Latina também têm um número representativo de empresas negociadas na Nyse.

Devido às incertezas do comportamento da bolsa brasileira, a Netshoes e a Azul foram ao mercado da Nyse no primeiro semestre de 2017.

Fácil entender as razões para essa predileção, ligada a maior disponibilidade de recursos. Os investidores estrangeiros sentem-se mais seguros e com maior facilidade de comprar e vender, sem falar na liquidez e na visibilidade.

Em 1977, com a Contribuição Provisória sobre a Movimentação ou Transmissão de Valores e de Créditos e Direitos de Natureza Financeira (CPMF), houve a transferência de boa parte da liquidez da bolsa para a Nyse. Em 2009 ela foi abolida, após uma intensiva campanha liderada pela bolsa (Raymundo Magliano Filho na presidência).

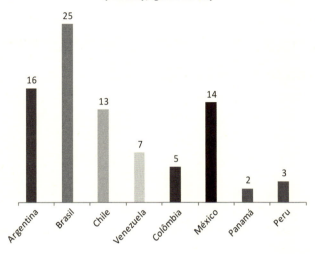

ADR's países da América Latina (NYSE), (jun. 2017)

26. O mercado de capitais e as pequenas-médias empresas — Bovespa Mais

É destacado o papel das pequenas e médias empresas no lado real da economia. Reconhecidamente, além de ser importante fator na geração de empregos, têm papel relevante na inovação, ocupando nichos importantes em diferentes segmentos industriais e na área de saúde. Em alguns países da União Europeia, por exemplo, são empregadores de muita relevância.

Em documento preparado pelo Deutsche Bank (nov. 2016) sob o título *SME Financing in Europe — banks and capital market alternatives*, alguns números e informações são dignos de registro:

a) existem cinco PMEs para cada km^2 de superfície da União Europeia (cerca de 22,3 milhões de empresas no total);
b) elas empregam cerca de 90 milhões de pessoas, o que equivale a 2/3 do total empregado pelo setor privado;
c) entre 2009 e 2014, foram responsáveis pela criação de 85% dos novos empregos;
d) geraram 58% do valor agregado do setor privado;
e) em 2014, o valor agregado cresceu 3%, enquanto o emprego aumentou 1%;
f) os bancos são parceiros centrais para as PMEs, assim como as PMEs são para os bancos;
g) o mercado de acesso no Reino Unido (AIM) tem sido instrumento relevante para capitalizar empresas de porte médio. O mesmo pode-se constatar, segundo indicaram, no Canadá e Austrália.

O MERCADO DE CAPITAIS E AS PEQUENAS-MÉDIAS EMPRESAS — BOVESPA MAIS

Pesquisa feita pelo Deutsche Bank (DB), a exemplo do que podemos constatar também no Brasil, aponta que as maiores restrições apresentadas pelas PMEs, por não acessarem o mercado de capitais, estão ligadas à estrutura familiar/perda de controle e aos custos de atendimento a diferentes aspectos regulatórios. O quadro a seguir registra o resultado da pesquisa.

Estruturas de empresas familiares e o temor de perda de controle da companhia	20%
Custos de atendimento de requerimentos regulatórios durante e após um IPO	20%
Falta de familiaridade com o mercado de capitais	15%
Carência de pessoal especializado	10%
Preço da emissão, com desconto aplicado pelo mercado, que não reconhece seu valor real, que não é considerado justo	10%
Uma autoavaliação de que a companhia é muito pequena e de que o mercado de ações é somente para grandes emissões	10%
Falta de liquidez no mercado secundário	10%
Carência de investidores e incertezas acerca do sucesso da emissão após o pagamento dos custos iniciais do lançamento	5%

Empréstimos bancários continuam sendo o principal supridor de recursos. Uma das possíveis saídas cogitadas no estudo seria a *securitização* dos empréstimos bancários, que seriam repassados via mercado de capitais.

Ao final, o estudo lembra que os IPOs poderiam ajudar as maiores PMEs a acessar os mercados mais sofisticados, e a superar gargalos, tais como os custos iniciais da abertura, o *underwriting discount*, as taxas cobradas pelas bolsas, custos legais e contábeis e dos *road shows*. A eles se associam os custos de reportar-se anualmente e os custos de manutenção de permanência no mercado.

Portanto, aproximar essas empresas do mercado de capitais sempre foi um objetivo daqueles que buscam alargar o mercado e criar mecanismos de acesso que permitam que as empresas possam utilizá-lo para seu crescimento.

A experiência brasileira mais recente tem sido liderada pela BM&FBovespa desde 2011, e com a formação de um grupo técnico na qual participaram Finep, ABDi, BNDES e CVM.

Vários países foram analisados para entender como eram viabilizadas ofertas menores. Chegou-se a um diagnóstico, posteriormente apresentado ao ministro da Fazenda.

Alguns incentivos foram propostos. Entre eles destacamos os seguintes.

Para investidores:

- isenção de IR para investidores PF que invistam em *empresas elegíveis*;
- isenção de IR para fundos de ações que comprometam até 2/3 do PL em *empresas elegíveis*.

Para empresas:

- dispensa de publicação de jornal de:
  - demonstrações financeiras e atos societários;
  - atos ou fatos relevantes;
  - avisos relativos a oferta pública de ações;
  - isenções de taxas de registro e anuidade da bolsa.

Para intermediários:

- oferta pública com esforços restritos:
  - mais rápida;
  - endereçada a investidores superqualificados.

Tais objetivos tinham como meta sensibilizar executivos e empresários para identificar o estágio de desenvolvimento das empresas e quais competências deveriam adquirir bem como outras ações cabíveis para ir ao mercado.

Entre os benefícios, foram identificados acesso a nova fonte de financiamento, redução do custo de dívida, aumento da percepção de valor da empresa e maior visibilidade. Por outro lado, os obstáculos percebidos coincidem com aqueles identificados no estudo do DB: adaptação à cultura de companhia aberta, principalmente, em termos de controles e obrigações de reporte de informações, potencial aumento de custos, perda de poder de decisão e percepção de tamanho inadequado para acessar o mercado.

Os fundos de participação, que tradicionalmente investem em empresas fechadas, passaram a ter a possibilidade de investir uma parcela maior de seus recursos em empresas após seu IPO. Ao mesmo tempo, fundos de ações, que tradicionalmente investem em empresas listadas, passaram a ter limites especiais para investir parte de seus recursos em empresas ainda fechadas.

Além disso, foi aprovada uma isenção de imposto de renda sobre ganho de capital para os investidores que comprarem ações de empresas consideradas PMEs, de acordo com os critérios seguintes:

Empresas elegíveis

- listadas no Bovespa Mais;
- valor de mercado inicial: inferior a R$ 700 milhões (na oferta);
- receita bruta no ano anterior: inferior a R$ 500 milhões;
- 2/3 de captação primária (caixa da empresa);
- até 2023 — isenção de IR para investidores pessoas físicas na venda de ações.

O benefício inicialmente desenhado para o mercado de acesso Bovespa Mais atingiu também outras PMEs que já eram listadas e comprometidas com as práticas de governança corporativa definidas pela lei.

- Sete empresas já listadas em bolsa se enquadram nos critérios de tamanho, característica de oferta e estavam listadas no Bovespa mais ou no Novo Mercado em 10 de julho de 2014.
- CVM publicou em 11 de julho de 2014 a lista:
  - BrasilAgro
  - CR2
  - General Shopping
  - HRT Petróleo
  - Nutriplant
  - Rebar Naças (atualmente Pomifrutas — FRTA3)
  - Senior Solution
- Investidor que já tenha adquirido as ações das empresas elegíveis poderá *ajustar o custo de aquisição* dessas ações para fins de apuração da *base de cálculo do imposto sobre a renda*. Critério:
  - maior valor entre o custo de aquisição efetivamente pago e a média do preço de fechamento ponderada pelo volume negociado nos últimos 30 pregões anteriores à data da publicação da Medida Provisória.

Ao mesmo tempo, o BNDES criou programas específicos, tanto para investimentos diretos nos IPOs de PMEs quanto por meio de fundos dedicados a investir em ações nessas companhias.

- *R$ 1 bilhão para IPOs ou* follow — *nos realizados no Bovespa Mais,* podendo ser âncora, garantindo até 20% da oferta base;
- *R$ 2 bilhões para investimentos indiretos* em empresas fechadas, podendo investir em até 30% de cada fundo.

Criaram-se mecanismos para agilizar o mercado e viabilizar a possibilidade que ofertas fossem realizadas em até 30 dias:

Em resumo, hoje os benefícios para o Bovespa Mais são:

Benefícios para o Bovespa Mais	Todas as empresas	Empresas elegíveis
Isenção de taxa de registro, liquidação e anuidade na bolsa	✓	✓
Dispensa da publicação em jornal de atos ou fatos relevantes	✓	✓
Dispensa da publicação de avisos relativos à oferta pública de ações	✓	✓
Dispensa da publicação em jornal de demonstrações financeiras		✓
Isenção de IR para investidor pessoa física		✓
Isenção de IR para cotistas de FIA Aberto		✓
Criação de FIA Fechado dedicado a investimento em empresas listadas em "Mercado de Acesso"	✓	✓
Possibilidade de oferta de ações com esforços restritos	✓	✓
Programa BNDES Apoio às Ofertas Públicas em Mercados de Acesso	✓	✓

Empresas listadas no Bovespa Mais (25 nov. 17)

Nutriplant (13/2/2008)
Statkraft (3/10/2011)
Senior Solution (10/5/2012)
Nortec (28/5/2013)
Cab Ambiental (30/7/2013)
Altus (28/8/2013)
Biomm (2/1/2014)
Quality Software (11/2/2014)

Maestro Frotas (17/6/2015)
Prática (20/10/2015)
BR Home Centers (30/10/2015)
Forno de Minas (15/12/2015)
BRQ (13/1/2016)
Cinesystem (29/8/2016)
CTC (1/9/2016)

Empresas listadas no Bovespa Mais Nível 2 (25 nov.17)

Altus Sistema de Automação S.A.   Pratica Participações S.A.

27. O BNDES e seu papel no mercado de capitais

A Lei nº 1.628, de 20 de junho de 1952, criou o Banco Nacional de Desenvolvimento Econômico (BNDE). Tinha como objetivo ser o órgão formulador e executor da política nacional de desenvolvimento econômico.

Numa primeira fase, o BNDE investiu muito em infraestrutura, mas a criação de estatais aos poucos liberou o banco para investir mais na iniciativa privada e na indústria. Durante os anos 1960, o setor agropecuário e as pequenas e médias empresas passaram a contar com linhas de financiamento do BNDE.

Uma importante transformação no BNDE ocorreu em 1971, quando ele se tornou uma empresa pública, possibilitando maior flexibilidade na contratação de pessoal, maior liberdade nas operações de captação e aplicação de recursos e menor interferência política. Nos anos 1970, o BNDE foi peça fundamental na política de substituição de importações. Começaram os investimentos em segmentos ainda incipientes, como a informática e a microeletrônica.

Em 1974, o banco passou a contar com os recursos do Programa de Integração Social (PIS) e do Programa de Formação do Patrimônio do Servidor Público (Pasep), que foram criados quatro anos antes e estavam sob a gestão da Caixa Econômica Federal e do Banco do Brasil, respectivamente.

Na sequência, naquele mesmo ano, foram criadas subsidiárias diretamente ligadas ao banco, visando a incentivar o crescimento do parque industrial: Mecânica Brasileira S.A. (Embramec), Insumos Básicos S.A. (Fibase), Investimentos Brasileiros S.A. (Ibrasa). O BNDES buscou também incentivar o mercado de capitais, apoiando a capitalização das empresas nacionais.

No início dos anos 1980, houve a integração das preocupações sociais à política de desenvolvimento. A mudança refletiu-se no nome do banco, que, em 1982, passou a se chamar Banco Nacional de Desenvolvimento Econômico e Social (BNDES).

As subsidiárias Ibrasa, Embramec e Fibase foram reunidas na BNDESPAR em 1982, já com o ministro Delfim Netto no Planejamento, quando se criou também o Finsocial e se acrescentou o S ao nome do banco. Fui inicialmente membro do conselho do Ibrasa, convidado pelo então presidente Marcos Vianna, e posteriormente na BNDESPAR, a convite do então presidente Márcio Fortes.

A Finame, que já existia desde os anos 1960, foi mantida como financiadora de máquinas e equipamentos de uma maneira geral.

Nos anos 1990, o BNDES teve papel relevante na privatização das grandes estatais brasileiras. O banco foi o órgão responsável pelo suporte administrativo, financeiro e técnico do Programa Nacional de Desestatização, iniciado em 1991.

Voltei ao conselho do BNDESPAR a convite do ministro Luiz Fernando Furlan (Ministério do Desenvolvimento, Indústria e Comércio Exterior — MDIC), durante o governo Lula. Nessa minha terceira participação permaneci durante 11 anos. Renunciei em março de 2014 (no governo da presidente Dilma Rousseff).

A BNDESPAR esteve presente em diferentes estágios de crescimento das companhias e apoiou empresas nascentes, iniciantes ou até pré-operacionais, muito embora sua atuação não tenha sido livre de críticas.

Durante minha participação como conselheiro do BNDESPAR (antes Ibrasa), convivi com uma equipe técnica séria e comprometida com seu trabalho. Eram receptivos a ideias e a sugestões para o aprimoramento do seu trabalho. No entanto, havia limitações à atuação dos conselheiros que não exerciam qualquer influência na discussão e na escolha das empresas investidas. O estatuto não nos conferia tais poderes, mas sim analisar seu balanço e demonstrativos financeiros trimestrais. Sempre procurei dar minha opinião sobre a estratégia de aplicações dos recursos que, no entanto, atendiam basicamente às políticas aprovadas pelo conselho do banco. Não tive sucesso em organizar encontros em que se definisse claramente a política de atuação do BNDESPAR, controlada pelo BNDES, que definia sua política de atuação.

O BNDES E SEU PAPEL NO MERCADO DE CAPITAIS

Um ponto controverso que tem sido tema de discussão é a defesa da proposta da absorção da Finep pelo BNDES. Importante ressaltar que o BNDES é um banco e como tal prioriza o financiamento público para a reprodução do capital buscando contribuir para o crescimento econômico e concentrado principalmente no financiamento ao investimento em infraestrutura. A Finep, por outro lado, é uma agência de fomento.

De qualquer forma, importantes e respeitados defensores do mercado têm apontado que a forte presença do banco como supridor de capitais a médio-longo prazo foi fator de forte inibição para o desenvolvimento do mercado. Certamente, para algumas empresas foi mais fácil negociar com o banco do que ir ao mercado e a custos bem mais favoráveis. Não devemos esquecer que a estrutura familiar de muitas empresas criava inibições de ir ao mercado diretamente. A existência de um mercado de capitais líquido e dinâmico seria fundamental para que o banco e suas subsidiárias buscassem liquidez para sua carteira, o que no discurso oficial do banco era sempre defendido. Com a redução do custo de empréstimos TJLP, as vantagens competitivas diminuirão sensivelmente.

Há uma máxima no mercado segundo a qual, quanto maior é o BNDES, menor é o mercado de capitais.

Luciano Coutinho, presidente do BNDES entre 2007-2016, publicou artigo no *Valor Econômico*, em 12 de junho de 2017, cujos principais pontos resumo:

- de 2007 a 2015 a BNDESPAR gerou R$ 6,2 bilhões de lucro para o BNDES;
- naquele mesmo período, gerou caixa líquido de R$ 23,3 bilhões para o sistema BNDES e vendeu R$ 42,2 bilhões de sua carteira mostrando política de reciclagem;
- em 2016, a BNDESPAR tinha investimentos em 23 setores em 280 empresas (diretamente e por meio de fundos);
- ao final de 2015, tinha 40 fundos em carteira de 145 empresas investidas.

Ao comentar que se criticava o fato de que o BNDES/BNDESPAR havia inibido o desenvolvimento do mercado de capitais no Brasil, Luciano Coutinho registrou o seguinte em matéria publicada no *Valor Econômico*:

A resposta à sua pergunta é não, pelo contexto de alta instabilidade e inflação elevada antes do Plano Real e depois deste pelas altíssimas taxas de juros com vulnerabilidade cambial, só superada após o superciclo de commodities. Seria muito difícil o mercado de capitais vicejar durante os 80, 90 até meados da década passada. Talvez algumas reformas mais oportunas e incisivas de apoio aos investidores institucionais tivessem ajudado. Mas isso é matéria complexa e merece uma reflexão ponderada, não ideológica, da qual terei grande prazer em participar.

28. Mercado de capitais após 2005 e seu comportamento em anos recentes — forte ascensão, queda e posterior acomodação

Depois de alguns anos de fraco desempenho, tendo em vista a necessidade de capitalização das empresas, o mercado de capitais em 2005 teve desempenho favorável.

Um número recorde de empresas fez oferta pública inicial de ações, passando a ser cotadas na Bovespa. Nove companhias estrearam na bolsa e ingressaram no nível 2 ou no Novo Mercado. Foi o maior número absoluto de ofertas iniciais. Nos últimos dois anos, 16 empresas fizeram ofertas iniciais na bolsa, com uma caracterização diferenciada em função da maior transparência e preocupação com os acionistas minoritários. O processo, que havia sido iniciado em 2004, consolidou-se assim em 2005, sendo lançadas as bases para que o dinamismo do mercado fosse mantido. Outra característica importante no comportamento do mercado foi o interesse despertado nas ofertas públicas por investidores nacionais pessoas físicas, que se manteve em 2006.

A Bovespa e a CVM aprovaram a figura do formador de mercado (*market maker*), tendo a entidade reguladora pela primeira vez aceitado que a empresa emissora de ações pudesse contratar um intermediário focado em prover liquidez para suas ações. Isso era um tabu no Brasil, e, desde sua criação, diversas empresas passaram a ter um *market maker* para suas ações, incrementando de forma sadia a liquidez de seus papéis. Em face do gigantismo dos investidores institucionais, as empresas com menor *float*, menos tradição e tempo como companhias abertas, menos acionistas individuais etc. sempre tiveram grande volatilidade tanto dos preços quanto dos volumes de ações negociadas. Atualmente, no mercado de ações, empresas como Credit Suisse e BTG prestam esses serviços.

Foi um ano de expressivo número de movimentações na Bolsa de Valores de São Paulo, chamando a atenção também para a crescente importância das operações de *homebroker* (operações feitas diretamente pelos investidores, via internet), que já representavam 15% do número de transações da Bovespa. Os registros na CVM foram expressivos, na casa dos R$ 70 bilhões, não só pelo referido número de lançamentos públicos de ações, mas também por emissões de debêntures, fundos de investimentos imobiliários e fundos de direitos creditórios. Destaco o valor de capitalização do mercado, que superou a marca de R$ 1 trilhão (R$ 1,068 trilhão em novembro de 2005). Só como referência, em janeiro de 2000 o valor era de R$ 400 bilhões.

Os profissionais do mercado mostravam-se confiantes quanto ao futuro do mercado, que iria finalmente cumprir seu grande objetivo de capitalizar as empresas nacionais.

Ressalte-se a crescente importância dos investidores estrangeiros na bolsa e nas emissões primárias. Até outubro de 2005, chegaram a 33% no volume de negócios (no ano 2000 esse percentual foi de 22%). Quem perdeu participação expressiva no volume foram as instituições financeiras, que em 2000 chegaram a representar 36% do volume (eram os maiores operadores do mercado) e representaram em 2005, 12%, ou seja, uma queda de 1/3 do valor. Os acionistas individuais também ampliaram sua participação, de 19% para 27%, e os institucionais, de 17% para 28%. Para encerrar os destaques de 2005, devemos salientar o segundo lançamento dos papéis de índice Brasil Bovespa (Pibb), feito pelo BNDES, no total de R$ 2,3 bilhões, que se compara ao lançamento feito anteriormente em julho de 2004, de R$ 600 milhões. Nesse segundo lançamento, participaram mais de 120 mil investidores pessoas físicas.

29. A crise dos *subprimes* e a derrocada da Lehman Brothers

Vencidas as eleições pelo presidente Lula em 2003 (o único candidato a visitar a bolsa no período pré-eleitoral), o ministro da Fazenda, Antônio Palocci Filho, decidiu criar um Grupo de Trabalho de Mercado de Capitais e Poupança de Longo Prazo para discutir — com o Comitê Executivo do Plano Diretor de Mercado de Capitais, constituído por 20 entidades do setor privado — a implementação das 50 propostas contidas no Plano Diretor. Ao final de 2007, início de 2008, cerca de 90% das propostas já haviam sido implementadas. Apesar de o PT ser um partido de esquerda, seu líder e então presidente propiciou um período positivo para o mercado. Durante seus dois mandatos o Ibovespa subiu 497,3%.

Problemas nos mercados financeiros internacionais, que vinham se agravando desde o ano de 2007, explodiram em setembro de 2008 com a falência do Banco Lehman Brothers. Em apenas seis meses o índice Bovespa, que atingira 73.500 pontos em maio de 2008, caiu para 29.800 pontos. Ou seja, sofreu uma queda aproximada de 60%.

A crise dos *subprimes* tem como referência a data de 24 de julho de 2007, com uma forte queda do índice Dow Jones ligada aos títulos hipotecários de alto risco (*subprime loans* ou *subprime mortgages*) que provocou situação de insolvência nos bancos e em algumas seguradoras, com consequente reação em cadeia, aproximando-se de uma crise sistêmica que exigiu das autoridades econômico-financeiras medidas de caráter emergencial para evitar danos ainda maiores. Alguns economistas a classificaram como o maior gravame desde a crise de 1929. Foi o prenúncio da crise de 2008, que teve a estatização dos segmentos do mercado de hipotecas e empréstimos pessoais à Federal National Mortgage Association (FNMA), conhecida como Fannie Mae, e à Federal Home Loan Mortgage Association (FHLMC), Freddie Mac. Na sequência, tivemos o pedido de concordata do tradicional Lehman Brothers, com mais de 150 anos de existência, e a venda do Bank of America, da tradicional corretora Merril Lynch.

Os *subprimes* incluíam desde empréstimos hipotecários até cartões de crédito e aluguel de carros, e eram concedidos, nos Estados Unidos, a clientes sem comprovação de renda e com mau histórico de crédito — eram os chamados clientes *ninja* (do acrônimo, em inglês, *no income, no job, no assets*: sem renda, sem emprego, sem patrimônio). Essas dívidas só eram honradas mediante sucessivas "rolagens", o que foi possível enquanto o preço dos imóveis permaneceu em alta. Essa valorização contínua dos imóveis permitia aos mutuários obter novos empréstimos, sempre maiores, para liquidar os anteriores, em atraso — dando o mesmo imóvel como garantia. As taxas de juros eram pós-fixadas — isto é, determinadas no momento do pagamento das dívidas. Quando os juros dispararam nos Estados Unidos — com a consequente queda do preço dos imóveis — houve inadimplência em massa.

Como os empréstimos *subprime* eram dificilmente liquidáveis, isto é, não geravam nenhum fluxo de caixa para os bancos que os concediam, esses bancos arquitetaram uma estratégia de securitização desses créditos. Para diluir o risco dessas operações duvidosas, os bancos americanos credores juntaram-nas aos milhares e transformaram a massa daí resultante em derivativos negociáveis no mercado financeiro internacional, cujo valor era cinco vezes superior ao das dívidas originais. Quando uma situação como aquela ocorre, é natural que os detentores de recursos tomem atitudes conservadoras. Os banqueiros, por sua vez, não dispondo de recursos de longo prazo, ficaram descapitalizados pelas perdas que não foram acompanhadas de novas capitalizações, e diminuíram seus empréstimos.

Temos por detrás de todo esse processo a palavra *confiança*, que, quando não está presente, deixa o sistema de crédito prejudicado e, consequentemente, as operações por ele amparadas. Assim, é inevitável que crises financeiras terminem afetando o chamado lado real da economia. No comércio exterior, linhas de crédito são fundamentais para que as operações se materializem. As instituições financeiras abrem linhas de crédito para que elas aconteçam. Num primeiro momento, o comércio fica emperrado. O comportamento das empresas é afetado e são obrigadas a reprogramar suas atividades, em muitos casos tendo que adiar investimentos e consequentemente reduzir seu contingente de pessoal. No mercado interno também, pois grande parte das operações dos chamados bens duráveis (linha branca, linha de áudio, automóveis) é financiada. Isso sem falar nas compras de imóveis que vinham sendo facilitadas e mesmo incentivadas por empréstimos de longo prazo, e que tomaram grande escala nos últimos anos, devido a uma demanda reprimida. No entanto, tivemos um reverso traumático alguns anos mais tarde.

Consequências para nosso mercado de capitais

Os reflexos da crise foram sentidos inicial e principalmente nas negociações das ações nas bolsas de valores, refletindo-se imediatamente no ânimo dos investidores que sentiram o reflexo pela busca de liquidez. O mercado de maior liquidez, como era o caso do Brasil, comparativamente aos demais países da nossa região, foi o que mais sofreu. Além do mais, no mundo globalizado, os mercados financeiros e de capitais se intercomunicam com incrível velo-cidade. O que neles acontece de positivo ou de negativo acaba rapidamente contaminando outros mercados. Isso acontece mesmo com países, como o nosso, que não apresentem as vulnerabilidades dos chamados países ricos. O sistema financeiro foi saneado há muitos anos e estamos muito bem capita-lizados e com baixíssima alavancagem. Ou seja, não correu riscos excessivos em empréstimos temerários. Não houve aplicação em *subprimes* do mercado de crédito hipotecário norte-americano!

Os gráficos a seguir indicam os efeitos da crise de 2008 na Bovespa.

VALEU A PENA!

Participação dos investidores nas emissões (%)

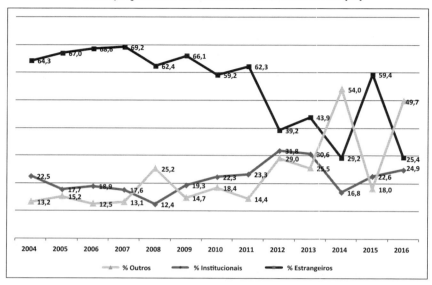

Participação dos investidores no volume total da Bovespa (%)

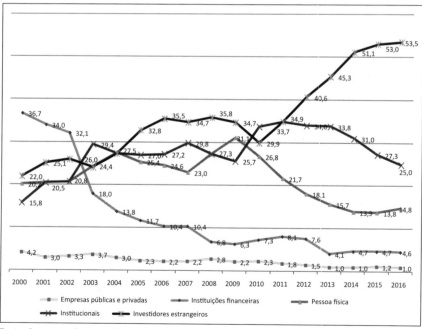

Fonte: Cemec — Centro de Estudos do Ibmec.

Ainda assim, como veremos no gráfico seguinte, em janeiro de 2016 o número de empresas listadas na bolsa brasileira, tendo em vista a dimensão da nossa economia e o número de empresas privadas atuantes, foi de somente 358, o que é inexpressivo.

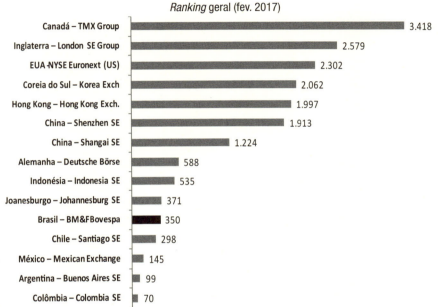

Número de empresas listadas
Ranking geral (fev. 2017)

País – Bolsa	Número
Canadá – TMX Group	3.418
Inglaterra – London SE Group	2.579
EUA -NYSE Euronext (US)	2.302
Coreia do Sul – Korea Exch	2.062
Hong Kong – Hong Kong Exch.	1.997
China – Shenzhen SE	1.913
China – Shangai SE	1.224
Alemanha – Deutsche Börse	588
Indonésia – Indonesia SE	535
Joanesburgo – Johannesburg SE	371
Brasil – BM&FBovespa	350
Chile – Santiago SE	298
México – Mexican Exchange	145
Argentina – Buenos Aires SE	99
Colômbia – Colombia SE	70

Fonte: Cemec — Centro de Estudos do Ibmec.

Os anos de 2015-2016 foram muito negativos para o mercado de capitais. No cenário interno, instabilidade política, desaceleração econômica, aversão ao risco dos investidores, elevação dos juros e da inflação. No mercado internacional, houve influência negativa da perda de grau de investimento do país pela Standard & Poor's (S&P), da expectativa de alta dos juros americanos e da preocupação com a desaceleração da economia chinesa.

Os negócios encolheram, reduzindo o espaço para novas captações. O volume médio diário transacionado na Bovespa esteve no menor patamar desde 2011.

As emissões de ações, concentradas em abril e setembro, cresceram 11,7% em comparação com o registrado em janeiro a outubro de 2014 e totalizaram

R$ 17,2 bilhões em quatro ofertas, destinados em sua grande parte à aquisição de participação societária. Já ficara distante o período áureo de 2009 a 2010, quando 48 companhias acessaram o mercado de renda variável para levantar recursos, com destaque para a megaoperação da Petrobras, que movimentou R$ 120,2 bilhões em 2010. Desde 2011, as captações com ações são pouco expressivas. O volume médio anual tem ficado ao redor de R$ 18 bilhões, e o número de empresas emissoras é decrescente.

O governo e as organizações do setor atuaram para fortalecer o mercado de capitais. Mudaram-se as regras dos fundos de investimento para ampliar o leque de aplicações no exterior; a alocação dos fundos de previdência foi flexibilizada, com a possibilidade de se criar perfil para o investidor qualificado; e foi aumentado o limite das aplicações no exterior. Houve a padronização das debêntures, o que dá mais transparência e liquidez a esses títulos, agiliza e barateia as captações. No entanto, nada teve o poder mágico de neutralizar o ambiente político e macroeconômico instável e hostil daquela fase.

30. Ano crítico — 2016

Nos últimos cinco anos, o fator político foi determinante para o comportamento do mercado: o desgaste da presidente reeleita; a economia em processo recessivo; empresas perdendo rentabilidade; a situação fiscal sob forte deterioração; o fator confiança esvaindo-se; investidores estrangeiros recuando; e a imprensa apontando cenário de crescentes incertezas. Outro fator de grande preocupação foi uma inflação em ascensão. Mesmo não alcançando os níveis de descontrole do passado, entrou num patamar preocupante, obrigando ao Banco Central, na maior parte do período, a operar com taxas de juros fortemente desestimulantes aos investimentos em ações, como já constatado em períodos anteriores.

Em consequência dessa situação estrutural, constatou-se que em anos recentes o mercado de capitais tem tido participação marginal na capitalização das empresas, representando menos de 10% do total dos recursos, conforme indicado nos gráficos a seguir.

VALEU A PENA!

Participação de fontes domésticas (exceto recursos próprios) no financiamento dos investimentos de empresas e famílias – acumulado de 4 trim. móveis (% do total)

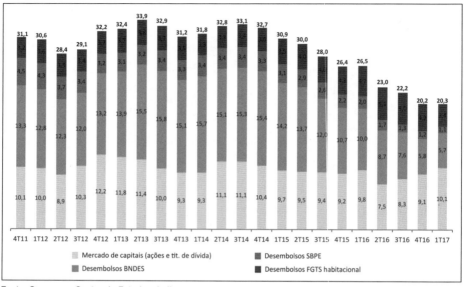

Fonte: Cemec — Centro de Estudos do Ibmec.

Participação de fontes do mercado de capitais no financiamento dos investimentos de empresas e famílias (% do investimento total)

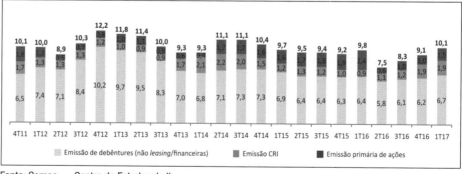

Fonte: Cemec — Centro de Estudos do Ibmec.

Outra maneira de destacar em período recente a pouca relevância do mercado de capitais como fonte de financiamento pode ser exemplificada no gráfico a seguir:

ANO CRÍTICO — 2016

Financiamento dos investimentos (2011-2014)

Fonte: Cemec — Centro de Estudos do Ibmec.

O mercado de capitais contribuiu com 18,8% (dez. 2016) no financiamento das empresas da economia brasileira.

Exigível financeiro de pessoas jurídicas não financeiras (% do PIB)

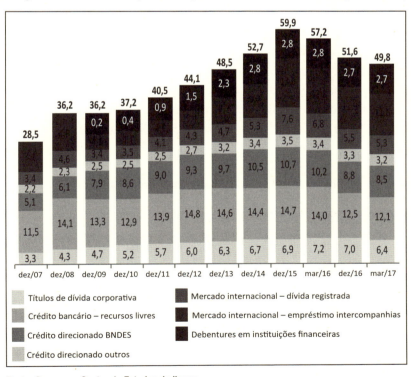

Fonte: Cemec — Centro de Estudos do Ibmec.

Em função das condições dos mercados internos descritos, as emissões externas de bônus ocuparam importante espaço em 2016.

Os volumes captados por emissores brasileiros nos mercados doméstico e internacional atingiram R$ 178,5 bilhões, de acordo com dados da Associação Brasileira das Entidades dos Mercados Financeiros e de Capitais (Anbima). Não foram computadas debêntures emitidas por empresas de *leasing*. O número foi liderado pelas emissões externas de bônus. Considerando o efeito favorável do câmbio, o resultado sinaliza uma recuperação ainda tímida das ofertas corporativas se comparado aos valores dos últimos cinco anos. Entre os instrumentos utilizados no mercado local no ano, as debêntures continuaram sendo o principal ativo, com R$ 57 bilhões, mas com queda de 11,6% em relação ao ano anterior. Em seguida, ficaram os títulos com lastro imobiliário e agrícola — Certificados de Recebíveis Imobiliários (CRIs) e do Agronegócio (CRAs), respectivamente — isentos de imposto de renda (IR) sobre os rendimentos para as pessoas físicas. Ainda em termos de crescimento do volume, as ofertas secundárias de ações tiveram alta sobre o volume ofertado do ano anterior. Insuficientes para reverter a queda do total captado no período por conta da retração de 66,1% das ofertas primárias de ações. As emissões de renda variável recuaram, no total, 41,5% em relação a 2015.

Em 2016, nossa bolsa indicou o início de um processo de recuperação, na expectativa de mudança no quadro econômico-político institucional. Entre os países da América Latina, foi o que apresentou melhor desempenho, como mostra a tabela a seguir.

Valor de mercado das bolsas da América Latina

Quantidade de empresas	País sede	Valor mercado US$ milhões		Variação		
		31/12/2015	28/12/2016	US$	%	% dólar
266	Brasil	455.713	706.772	251.058	55,09	-16,07
50	Peru	54.330	79.559	25.229	46,44	-1,41
32	Colômbia	80.483	97.893	17.410	21,63	-4,85
123	Chile	164.185	179.733	15.549	9,47	-4,75
65	Argentina	66.604	77.272	10.667	16,02	19,29
120	México	433.514	373.180	-60.334	-13,92	20,19
656	Latam	1.254.829	1.514.409	259.580	20,69	

Fonte: Economática.

Retomada

O gráfico abaixo indica que, contrariamente à situação dos mercados desenvolvidos, os índices de aumento da dívida não corporativa e dos indivíduos, comparativamente ao PNB, vêm crescendo, acompanhando o aumento da dívida privada dos países emergentes.

Dívida corporativa das famílias em relação ao PIB e proporção do serviço da dívida da China, Índia e Rússia, também em relação ao PIB

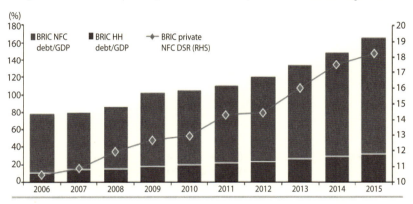

Fonte: Bank for International Settlements, J.P. Morgan Asset Management Multi-Asset Solutions (5 ago. 2016)

Se não bastassem as denúncias de corrupção, nos mais diferentes níveis da administração das estatais, os desdobramentos da operação Lava Jato criaram fator adicional de desestabilização. Elas foram afetadas, principalmente a Petrobras, onde se concentraram os principais efeitos negativos, sem falar nos efeitos colaterais das fornecedoras e prestadoras de serviços à Petrobras, que foram severamente afetadas. Nesse aspecto, também a Eletrobras sofreu consequências A Vale foi outro carro-chefe do mercado que também sofreu os efeitos da volatilidade do mercado de *commodities*, como também as consequências do desastre ambiental da Samarco na qual detém 50% do capital. Isso sem falar nas empreiteiras diretamente envolvidas nos escândalos.

Registre-se o desgaste sofrido com a derrocada do Grupo X, de Eike Batista, que com as frustrações causadas pela OGX, por não ter confirmado as reservas petrolíferas projetadas, criou efeito dominó nas empresas a ela ligadas e cotadas em bolsa.

Em 2017, a gravação do presidente do Conselho da JBS, Joesley Batista, em conversa com o presidente da República, Michel Temer, trouxe novas preocupações ao mercado e, particularmente, aos acionistas da empresa que sofreram com a grande volatilidade.

Os resultados da Ibovespa foram decepcionantes no período de 2007 a 2016.

	Rentabilidade nominal em R$	
	Ibovespa	CDI
2007	43,7%	11,8%
2008	-41,2%	12,4%
2009	82,7%	9,9%
2010	1,0%	9,7%
2011	-18,1%	11,6%
2012	7,4%	8,4%
2013	-15,5%	8,0%
2014	-2,9%	10,8%
2015	-13,3%	13,3%
2016	38,9%	13,9%

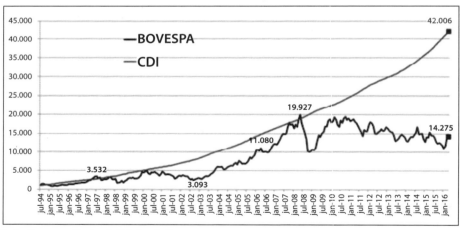

Resultados da aplicação em ações x títulos públicos
jul. 1994 a abr. 2016
Retorno acumulado no Bovespa e CDI de R$ mil

Fonte: Cemec — Centro de Estudos do Ibmec.

O ano de 2017 vinha apresentando um melhor comportamento dos índices de mercado na expecttaiva de consolidação de reformas estruturais, algumas já aprovadas e outras em fase de negociação quando do término deste livro.

ANO CRÍTICO — 2016

Os gráficos a seguir indicam o comportamento da indústria de fundos de investimento em passado recente.

É oportuno lembrar a relevância dos fundos mútuos de investimento como instrumentos de grande importância para a aplicação da poupança privada, em que os títulos de renda variável em abril de 2017 representavam somente 8,4% dos ativos totais dos diferentes fundos.

Cai participação da renda variável
Distribuição por ativos (%)

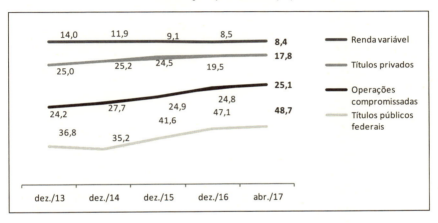

Captação líquida
Renda fixa lidera (R$ bilhões) (mai. 2017)

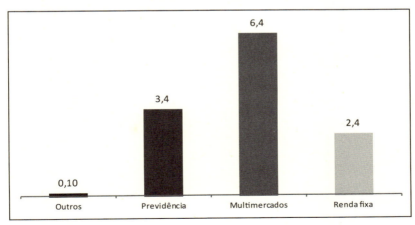

VALEU A PENA!

(No ano, até mai. 2017)

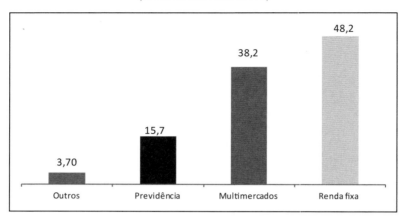

31. O mercado tem futuro?

O sistema está preparado para um novo salto qualitativo e quantitativo? O atual sistema de valores mobiliários, com forte predominância do sistema bancário, é adequado? Culturalmente, como vencer a preferência dos investidores por títulos de dívida, privados ou governamentais? A governança corporativa que vem sendo praticada atende às necessidades dos investidores? Responderemos essas perguntas na conclusão deste livro!

Infelizmente, uma inflação renitente não apresentou um cenário propício para os investimentos de longo prazo, lembrando-nos de efeitos perturbadores da correção monetária, que foi um paliativo e que acabou se tornando um fator desestabilizador para o desenvolvimento. Para combater a inflação, o Conselho de Política Monetária (Copom) aumentou os juros e, na medida em que o fez, desestimulou o investimento em renda variável. Praticamos durante largo período a maior taxa de juros entre os países emergentes.

A pergunta que permanece, e que todos os preocupados com o desenvolvimento do país se fazem, é como imaginar crescer investindo a médio-longo prazo, para cobrir os incríveis *gaps*, por exemplo, na infraestrutura, sem investimentos maciços do setor privado? Como fazê-lo sem um mercado desenvolvido?

Os recursos de bancos estatais e de desenvolvimento estão exauridos, e o Estado não mais poderá dispor de recursos como o fez no passado. Devemos atrair capital estrangeiro para complementar a insuficiente poupança interna. Para tanto, reformas institucionais são fundamentais. Portanto, a presença do Estado diminuirá obrigatoriamente.

Será viável fazê-lo sem que haja aumento substancial de poupança e sem que uma parte relevante seja aplicada em ações?

Salientamos que o mercado de capitais deixou de representar, principalmente no passado mais recente, papel relevante para a capitalização das empresas e como supridor de recursos de longo prazo.

Como discutimos ao longo do texto, altas taxas de juros basicamente justificadas por uma inflação persistente criaram condições adversas para o desenvolvimento de títulos privados de dívida de longo prazo e para emissões de ações.

Constatamos em alguns países da América Latina (Argentina, Chile, Colômbia, México e Peru) que a preferência dos investidores também é notoriamente por títulos de renda fixa (principalmente títulos públicos). Portanto, notamos que essa é uma preferência regional que deve estar ligada aos mesmos fatores analisados neste nosso trabalho quando focamos o caso brasileiro. É a preferência por aplicação em títulos com rendimentos predeterminados, sejam públicos ou privados.

Culturalmente, não encontramos grande diferença entre nossos países no que concerne à aversão ao risco do mercado de ações, baseada talvez na falta de confiança nas empresas e nas suas instituições, e em um mercado incipiente, que não oferece liquidez ao investidor.

Na expectativa da reversão desse quadro de taxas de juros que a curto prazo inviabilizam o mercado de capitais, os seguintes aspectos e/ou medidas complementares deveriam ser contemplados.

a) Cultura do investidor individual com apego ao curto prazo e aos títulos de dívida com rendimento predeterminado.

b) Instituições e intermediários que não têm no mercado de capitais a razão principal de sua atuação.

c) Instituições ligadas ao mercado, independentemente do aperfeiçoamento contínuo do Novo Mercado, devem continuar atuando com maior intensidade em campanhas educacionais, alertando para o potencial (bem como riscos) do mercado. Importante rever o papel do Novo Mercado e se está atendendo ao que foi proposto.

d) A CVM deverá acelerar julgamentos dos processos administrativos para que as conclusões sejam conhecidas com maior rapidez. Não descuidar de um quadro de funcionários bem preparado para os desafios de um mercado cada vez mais sofisticado.

e) Analistas financeiros, tanto do *buy side* quanto do *sell side* devem considerar fatores como sustentabilidade e interação da empresa com seus *stakeholders* em seus trabalhos analíticos.

f) A Governança Corporativa — em mercado que ainda busca seu espaço na vida econômica, financeira e política do país, é natural que a questão da relação das empresas com os investidores seja um tema sempre em aberto e em permanente discussão. E não é somente o caso do Brasil. Mesmo nos Estados Unidos, discussões sobre governança ainda continuam presentes. No nosso caso específico, mesmo com as conquistas do Novo Mercado (NM), ainda há insatisfação sobre o *status* atual.

Há campo para uma revisão que esbarra no regulamento que dá um poder de veto a 1/3 das empresas nela registradas. Os investidores estrangeiros continuam pressionados por mais reformas. Eventos ligados às investigações do processo Lava Jato indicaram efetivamente que a regulação e a punição precisam ser seriamente revistas.

Uma das propostas que estão sendo discutidas é a defesa da ideia de *uma ação um voto*, ou seja, uma união de classes de ações. Lembrar, no entanto, que 40% das ações listadas em bolsa ainda são preferenciais.

Outra consideração seria que as regras do Novo Mercado classificariam as empresas abertas em diferentes níveis, com uma pontuação que definiria as que teriam a melhor governança corporativa, que seriam as líderes, ainda em estudo.

Há também os que defendem que os comitês de auditoria sejam formados exclusivamente por conselheiros independentes. Sem dúvida, merece reflexão; entretanto, algumas empresas ainda relutam em criar um comitê de auditoria diretamente subordinado ao conselho.

g) Simplificação tributária — além de pagarmos um volume apreciável de impostos diretos e indiretos, temos uma enorme complexidade, tanto para a pessoa física quanto para a jurídica para cumprirem suas obrigações fiscais. Assim, a simplificação do processo é fundamental.

Estatísticas indicam que os brasileiros são os contribuintes que mais tempo gastam para cumprir suas obrigações tributárias. Ligada a esse aspecto, está bem nossa índole burocrática.

Temos também de lutar determinadamente para diminuir a burocracia que atrapalha e nos coloca entre os países mais complexos de gerenciar no mundo ocidental. Obviamente, excesso de burocracia e de regulação são, sabidamente, fatores que favorecem a corrupção. Nesse contexto, acelerar o programa de privatizações parece fundamental, independentemente de quaisquer motivações ideológicas.

O Estado, que nunca primou por ser um gestor competente, esgotou sua capacidade financeira e não dispõe de recursos para novos investimentos. Portanto, mais do que nunca, a missão do setor empresarial é a de ser o supridor de recursos onde o mercado de capitais é fator essencial.

Uma análise detalhada dos pontos aqui levantados pode ser vista como uma tarefa hercúlea. No entanto, havendo o comprometimento de enfrentar os desafios com coragem e determinação, os resultados aparecerão. Difícil imaginar, ou até mesmo seria despropositado pensar, que eles pudessem vir num curto espaço de tempo. É preciso ter paciência e pertinácia. Nunca perder a confiança do que podemos fazer.

Num mundo em crise, em um processo de mudanças que estão ocorrendo e com grande velocidade, surgirão incríveis oportunidades que não poderão ser desperdiçadas: precisamos saber como explorá-las!

32. Uma visão sobre os mercados em 2025

A PriceWaterhouseCoopers divulgou um estudo sob o título *Olhando o futuro do mercado de renda variável para 2025*. Esse tipo de estudo tem sido atualizado regularmente.

O documento inicia alertando que nos últimos 10 anos tem havido um aumento nas transações que são feitas entre diferentes países (*cross borders*) — particularmente por meio dos chamados IPOs, ou seja, lançamentos iniciais de ações — devido principalmente aos chamados mercados emergentes. As emissões locais nesses países ainda são limitadas pelas condições prevalecentes, mas continuam fazendo emissões nos mercados internacionais. Acreditam que essa demanda manterá um fluxo importante para os anos vindouros.

O crescimento econômico e a crescente sofisticação financeira dos mercados emergentes fazem supor que a concorrência entre bolsas de valores se intensificará. Entre esses mercados emergentes, Xangai aparece como a bolsa com maior atração para registros até 2025.

Independentemente do crescimento dos mercados emergentes, a pesquisa da PWC indica que a Nyse continuará na liderança dos mercados mundiais, e a de Londres a seguirá com 27%. Provavelmente, essa pesquisa foi realizada antes do Brexit, e hoje existem muitas dúvidas se Londres conseguirá manter essa vice-liderança.

Das bolsas nos chamados Brics, Brasil e Rússia ficaram atrás de China e Índia. Nessa mesma pesquisa, 38% dos que a responderam consideram que a Índia será um importante mercado de destino para companhias estrangeiras, e somente 11% acreditam que a Rússia possa ter essa destinação. Brasil recebeu 30% dos votos, portanto, atrás da Índia e principalmente da China.

Obviamente, o fator determinante dessas indicações está relacionado com o ambiente regulatório e legal, e com as incertezas políticas, como intervenções dos governos nos mercados.

Os que responderam (acima de 50%) apontam os desafios que serão enfrentados pelos mercados desenvolvidos. De alguma forma, as companhias listadas naqueles mercados devem ficar atentas às oportunidades que possam surgir nos mercados emergentes para suas emissões de capital futuras. Segundo o responsável da Goldman Sachs pela área de *equity capital*, o fato é que as companhias estão querendo diminuir cada vez mais sua dependência de empréstimos bancários e ele acredita que essa tendência de emissões de capital deve ser mantida nos próximos anos.

Nesse contexto, obviamente, a China é destaque, apontando que a situação entre os países do Brics é muito diferenciada.

O estudo salienta, como já chamamos atenção em diferentes partes deste livro, a questão da liquidez nos mercados, destacadamente o fator de maior relevância na fase de escolha do mercado onde a empresa será listada.

Quais os fatores determinantes para que haja uma mudança até 2025 na busca de mercados emergentes comparativamente aos mercados desenvolvidos?

O gráfico aponta claramente a importância da estrutura legal e regulatória e a relevância das incertezas políticas.

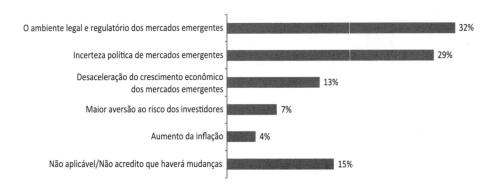

Quando a pergunta é reformulada, solicitando indicações de duas das principais preocupações em listar-se num mercado emergente, o resultado é o seguinte:

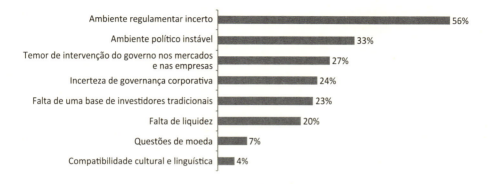

Entre os fatores mais importantes indicados na escolha de uma bolsa/mercado emergente para fazer seus IPOs, também são ressaltadas a questão da liquidez, do custo de listagem e de compatibilidade cultural.

Concluindo, no que se refere aos mercados emergentes, a notícia é boa para o Brasil, caso superemos alguns dos gargalos já apontados em outras partes deste livro. Teremos condições de abocanhar uma parte desses recursos por meio de empresas que estiverem buscando a chamada *due listing*, ou seja, com duplicidade de registros em mais de uma bolsa.

33. A necessidade de reformas estruturais

Esse apanhado histórico da evolução do mercado de capitais e as considerações a respeito de como poderia ser dinamizado para contribuir de forma decisiva para o desenvolvimento da economia brasileira devem colocar em perspectiva sua relevância e outras variáveis que lhes afetam.

Espero que tenha sido demonstrado, em nossa narrativa sobre o mercado e seus agentes, que não se deve considerar exclusivamente a estrutura da taxa de juros, a questão tributária e o papel do sistema de distribuição de valores mobiliários como os fatores responsáveis por seu desenvolvimento. Como vivemos em situações anteriores, ele provavelmente voltará a acontecer (subidas do mercado e enfraquecimento posterior), se não procedermos às reformas estruturais no país que a seguir comentaremos.

Planejamento estratégico

Durante o período em que acompanhamos o mercado, em raros momentos privilegiamos uma visão estratégica. Em passado mais recente, num período em que políticas do Estado foram contestadas, uma visão estratégica ficou completamente comprometida e tivemos três anos de recessão.

No cenário público e econômico, a gestão da economia foi totalmente dominada por variáveis político-ideológicas e com a corrupção vindo a ocupar um espaço decisivo no cotidiano da vida dos brasileiros.

A descoberta de um conluio entre governantes e prestadores de serviços a empresas estatais surpreendeu a todos por sua dimensão e penetração nas mais diferentes camadas do tecido político-social.

Seu combate, feito com determinação e coragem, monopolizou a atenção de todos os envolvidos no processo de gestão pública e privada. Os fatos apontados nas delações premiadas, reveladas para autoridades públicas e judiciárias, iniciaram processos como a deflagração exemplar de punição de todos os envolvidos.

Passamos os últimos anos mergulhados numa grande crise de confiabilidade, buscando equacionar e resolver nossos problemas. Um exaustivo processo de *impeachment* que consumiu quase um ano da vida política brasileira foi fator determinante para uma forte prevalência do "curto prazismo".

Quando novas vertentes da vida econômica, política e social devem prevalecer e o bom-senso gradualmente espera-se que volte a reinar, é fundamental olhar para frente com o mínimo de confiança em nossa capacidade de resolver os problemas.

A reconquista da confiança é peça fundamental nesse processo! Ganhar confiança é fator de conquistas sucessivas e que não se consegue rapidamente. Perder a confiança é processo rápido. Reconquistá-la é demorado. Mas ela virá se continuarmos obstinadamente usando o bom-senso e adotando medidas de racionalidade econômica e financeira que nos permitam voltar a crescer.

O cenário externo é uma variável que ajudará nessa retomada? Há incertezas de toda natureza, desde a variável de comportamento dos países desenvolvidos (EUA, UE, China e Japão), que não nos dão nenhuma certeza dos rumos que suas economias irão tomar de forma consistente, como também um cenário político de governança mundial pleno de interrogações. A esses devemos acrescentar as incógnitas geradas pela eleição de Donald Trump em novembro de 2016.

No quadro interno, quais as mudanças prioritárias que seriam necessárias para atender às nossas necessidades?

Incentivo à poupança — precisamos poupar mais

O aumento da poupança é fundamental para que o país volte a crescer. Os anos de melhor desempenho da economia brasileira coincidiram com taxas de poupança que se aproximaram de 25% em relação ao PIB. Nosso patamar atual de poupança está entre os mais baixos dos países emergentes, lembrando que a China está na casa dos 40%, Índia em torno de 30% enquanto na Rússia esse percentual é de 25%.

Mesmo na América Latina, países como Chile e México têm uma taxa de poupança bem superior à nossa, aproximando-se de 20%, enquanto nós não superamos 16%.

Poupamos menos que países de renda semelhante. Quando considerados apenas os 60% mais ricos da população, as respostas pouco se alteram. Fatores históricos e culturais explicam parte das diferenças encontradas no levantamento. Latino-americanos, por exemplo, têm propensão ao consumo superior à de povos do Leste asiático, como japoneses, coreanos e tailandeses.

Um estudo publicado em 2015 pelo Insper concluiu que famílias com renda de até 20 salários mínimos — algo como 90% dos domicílios do país — e 35 anos de contribuição ao INSS e FGTS conseguem manter seu padrão de vida após a aposentadoria, sem necessidade de reserva adicional. Seja qual for o peso de cada motivo, os efeitos nocivos da baixa taxa nacional de poupança são reconhecidos. Faltam recursos públicos e privados para investimentos, o que se reflete numa infraestrutura deficiente que obstrui o crescimento econômico. A mesma escassez, além disso, alimenta os juros — que correspondem ao preço do dinheiro e obedecem às leis da demanda e da oferta — cobrados pelos credores do governo.

Política

Certamente o nosso sistema político precisa ser reformado. Dois processos de *impeachment* em 25 anos, pluralidade de partidos políticos, com baixíssima densidade intelectual de seus representantes: a proliferação de partidos obriga o governo federal a praticar o que se convencionou chamar de "governo de coalizão".

Na prática, os governos sem uma maioria eleitoral ficam obrigados, a cada projeto mais relevante, a submeter-se a um processo penoso de negociações partidárias e concessões que teoricamente formarão a base do governo para que haja aprovação de projetos essenciais nessa fase da economia brasileira e também de importantes projetos sociais.

Nossos representantes vêm priorizando seus interesses pessoais, não pensam majoritariamente no interesse coletivo e não existe uma linha ideológica que norteie seus representantes.

O custo de se eleger ainda é muito elevado, o que obriga candidatos a dependerem de doações que posteriormente poderão ser cobradas por aqueles que os apoiaram.

Além do mais, pesa sobre o quadro político brasileiro um enorme passivo provocado pelas delações e pelos processos da Operação Lava Jato.

Educação

A qualidade da educação no Brasil deixa a desejar. Não investimos pouco, mas gastamos mal. O ensino é reconhecidamente de má qualidade, com professores mal remunerados que não estão em pé de igualdade com o que ganham profissionais liberais. Padecemos de ensino precário, principalmente em regiões mais pobres e distantes dos grandes centros econômicos, que continuam mais defasadas do que os sistemas mais contemporâneos. A falta de educação financeira é também fator presente.

Em cada 100 brasileiros, somente quatro destinam recursos para os anos de aposentadoria, sendo o índice mais baixo das Américas e um dos piores do mundo. Em um levantamento do Banco Mundial feito junto a 143 países, somente 11 estão abaixo.

Os dados, de 2014, foram retrabalhados em 2016 visando especificamente à reserva para a idade avançada. O estudo do Banco Mundial encontrou forte correlação entre a economia para a velhice e o hábito geral de poupança. Em países asiáticos, onde a maioria das pessoas faz reservas financeiras de forma regular, a porcentagem dos que poupam para os anos finais também é mais alta. Na Tailândia, 80% da população declaram ter poupado algum dinheiro nos 12 meses anteriores. No Brasil, são 28% (o 14º pior índice no mundo).

A educação financeira, por exemplo, tem alta correlação com poupança. Mas estudos indicam que mesmo os mais ricos e escolarizados ignoram conceitos como diversificação, juros compostos, custo-benefício e relação entre risco e lucro. O investimento em educação financeira, portanto, é alto e obtém pouco resultado duradouro, segundo as pesquisas. São as ações diretas sobre o comportamento que alcançam êxito maior e mais rápido, de acordo com Leora Klapper, economista-chefe do time de pesquisa em finanças e setor privado do Banco Mundial.

Nesse mesmo estudo, Klapper incluiu as seguintes informações:

Entendem finanças (%)

	Homens	Mulheres
No mundo	35	30
Em países emergentes	28	25

Fontes: Findex, Banco Mundial e Financial Literacy Around the World.

A vida bancária dos brasileiros é reproduzida no seguinte quadro:

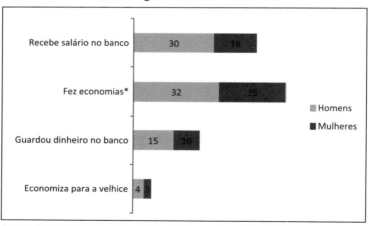

Fontes: Findex, Banco Mundial e Financial Literacy Around the World.
* Nos 12 meses anteriores à pesquisa.

Outro depoimento relevante foi o do superintendente da Cetip, Fábio Zenaro, publicado em 20 de março de 2017 pelo *Estado de S. Paulo*. Ele indicou que a falta de conhecimento faz com que investidores caiam em armadilhas:

A NECESSIDADE DE REFORMAS ESTRUTURAIS

Falta de conhecimento faz pessoas caírem em armadilhas e investirem de forma inadequada, diz executivo da Cetip. Com a febre dos investimentos nas redes sociais, as promessas de ganho fácil atraem muitos que não têm conhecimento sobre o mercado financeiro e que acabam perdendo dinheiro com aplicações que não são adequadas ao seu perfil.

Participação feminina nos conselhos de administração

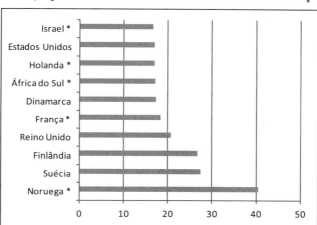

Fonte: IBGC (fev. 2017).
* Países com leis ou instrumentos de cotas para mulheres.

Coincidentemente ou não, em diferentes *rankings* de felicidade, os países da Escandinávia estão sempre entre os primeiros. Constatamos a crescente importância das redes sociais, entre elas o YouTube, que hospeda vários canais direcionados à educação do investidor, tais como o *Me poupe*, *Primo rico*, *Quero ficar rico* e *Inteligência financeira*.

Certamente, os novos mecanismos de comunicação disponíveis nas redes sociais podem representar papel da maior relevância na educação do investidor e na sua participação no mercado.

Há pouca versatilidade nos campos de matemática e das ciências. Conhecimento crítico e noções de mercado financeiro não existem, e não defendemos nos bancos de escolas uma cultura empresarial, colocando na própria dimensão qual o real papel do Estado.

Baixos estímulos à participação na vida política, uma carreira malcompreendida dentro da sociedade. Poucos jovens optam por ingressar na política em seu futuro.

Outro tema sensível é se órgãos federais de educação e as universidades estatais deveriam continuar sendo gratuitos para os grupos de maior renda que estariam em condições de arcar com seu custo.

Políticas públicas também são fundamentais para a transição da seguridade social para um modelo de plano privado, argumenta uma das principais especialistas em previdência e educação financeira do mundo, a professora Olivia Mitchell, de Wharton, a escola de negócios da Universidade da Pensilvânia. Isenções fiscais, por exemplo, podem incentivar investimentos em alguns tipos de previdência, mas ainda assim boa parte da população só poupará se houver adesão automática.

Também, além das disciplinas da Base Nacional Comum Curricular, deve-se oferecer aos jovens de 15 a 17 anos a opção de fazer uma formação técnica profissionalizante para que, quando não quiserem ou não puderem cursar uma universidade, terminem o ensino médio com um diploma de nível técnico reconhecido pelo mercado.

Foi o que defendeu a unanimidade dos especialistas reunidos pela Fundação FHC no seminário "A Educação Técnica e a Reforma do Ensino Médio", em 22 de novembro de 2016. Quando se pesquisam sistemas educacionais ao redor do mundo, os conceitos presentes são flexibilidade, protagonismo do jovem e conexão com educação técnica profissionalizante. No Brasil, apenas 8% dos jovens cursam o ensino médio com educação técnica profissionalizante. Na Europa, a média é de 40% e, na Alemanha, cerca de 50%.

Trabalho divulgado em 2016 na publicação *Psychology Today* revelou que fatores como idade, renda, educação, sexo e região de residência, usualmente apontados como fatores determinantes para o hábito de poupar, tiveram sua relevância significativamente reduzida quando uma nova variável comportamental foi abordada: o horizonte mental. Tal horizonte foi definido como a atenção despendida pelo indivíduo com questões financeiras futuras.

Pensar no futuro é um hábito, e hábitos são difíceis de ser estabelecidos se não houver disciplina e motivação. Infelizmente, muitos anos de inflação no Brasil viciaram-nos em uma visão imediatista. Planejar o futuro ficou em segundo plano. O presente é o que importa.

A NECESSIDADE DE REFORMAS ESTRUTURAIS

Inovação

Quando se fala em competitividade, estamos ainda em condições extremamente desvantajosas comparativamente a padrões mundiais. Difícil imaginar que o país possa dar um salto qualitativo e quantitativo sem que a inovação seja um ponto de destaque, o que em nosso caso deixa a desejar, e muito!

O que o país investe em inovação ainda é de pouca expressão e há baixa cooperação entre as universidades e o setor privado.

Devemos ressaltar o papel do empreendedorismo, fator da maior relevância, pois os empresários que empreendem surgem com projetos e ideias inovadoras.

Do ponto de vista da atratividade do capital estrangeiro para o nosso desenvolvimento (o chamado Foreign Direct Investment — FDI), a existência de empresas inovadoras certamente é um importante fator de atração.

Também deve ser lembrada a importância das empresas de *venture capital* e de *private equity* que podem ser importantes veículos para que empresas inovadoras consigam levantar recursos para seus projetos. Evidentemente, os bancos estão muito atentos com a visão futura de como funcionará o sistema bancário. O que se constata é que o potencial da internet e das mídias sociais está muito longe de ter se esgotado. E pode afetar o sistema bancário com a "desintermediação". Pelo contrário, estamos no começo, muitas mudanças virão pela frente e precisaremos estar preparados para enfrentá-las.

As burocracias, os baixos estímulos ao investimento em inovação e o chamado "custo Brasil" certamente impedem a maior competitividade do país.

Blockchain — bitcoins

Quando falamos sobre o futuro, sem dúvida teremos diante de nós um cenário de grandes mudanças pela frente, e que certamente tendem a se acelerar nos próximos anos. Portanto, existem novas variáveis que afetarão nossa vida de uma forma que ainda não podemos precisar. Os mercados financeiros e de capitais serão impactados, porém, ainda não estamos em condições de emitir uma clara avaliação. A única certeza que temos é que teremos impacto de novas modalidades operacionais e procedimentos que provocarão alterações de como iremos investir, através de quem e quais instrumentos estarão à nossa disposição. Os analistas acreditam que haverá desintermediação crescente nos mercados financeiros e em outras atividades, não somente no segmento de serviços, mas também em outras rotinas.

Na edição de agosto de 2017 da *Resenha B3* (revista técnica da bolsa) chamou minha atenção o artigo "A revolução do Blockchain: transformando os alicerces dos serviços financeiros" de Don Tapscott (cofundador do Blockchain Research Institute) e Alex Tapscott (fundador da Next Block Global). Bastante didático, nos alerta para as diferentes áreas de atuação dos intermediários financeiros que poderão ser afetadas por meio do *blockchain*:

- autenticação de identidade e reputações;
- sistema de pagamentos;
- poupança;
- empréstimos;
- bolsas;
- capital de risco e investimento;
- gestão de risco;
- contabilidade;
- Bancos Centrais.

Entra o blockchain, um vasto livro-razão global distribuído que roda em milhões de dispositivos e é aberto a todos, em que não só informação, mas qualquer coisa de valor — dinheiro, ações, títulos de renda fixa e outros ativos financeiros, escrituras e demais instrumentos jurídicos, música, arte, descobertas científicas, propriedade intelectual, até votos —, pode ser movimentada e armazenada em segurança e com privacidade e em que a confiança é estabelecida não por intermediários poderosos, mas por meio de colaboração massiva e software inteligentemente construído.

Se a internet foi o primeiro formato digital nativo da informação, então o blockchain é o primeiro formato digital nativo do valor — o novo meio para o dinheiro. Atua como livro-razão contábil, banco de dados, notário, sentinela e *clearing*, sempre por consenso. Embora a tecnologia ainda seja nascente, já detonou uma explosão cambriana de inovações nos serviços financeiros. Por exemplo, os *smart contracts* consistem basicamente em linhas de código que mimetizam a lógica dos contratos em papel, com garantias de execução, cumprimento e pagamento — e em que a confiança pode ser estabelecida por consenso, não por bancos, agentes depositários, advogados e tribunais. A contratação é o alicerce da indústria de serviços financeiros. Em certo sentido, todo ativo financeiro é um contrato que assegura ao detentor algum direito econômico, como participação acionária numa empresa ou rendimentos de um título de dívida. O mesmo princípio vale para muitos outros tipos de ativos e transações, desde contratos de seguro até compras de imóveis, ofertas públicas iniciais (IPOs) e tudo que há entre eles. O setor financeiro pode aproveitar essa tecnologia para tornar os mercados financeiros radicalmente mais eficientes, seguros, inclusivos e transparentes.[10]

Como se pode constatar, as implicações serão generalizadas, e nos resta saber com que velocidade irão acontecer. Temos que estar atentos e preparados. E como será a convivência do novo com o antigo?

E em relação às bitcoins, e as chamadas criptomoedas? O bitcoin é uma invenção revolucionária da ciência da computação. Na sua essência, contudo, ele nada mais é que um protocolo, um conjunto de regras pelas quais se comunicam computadores conectados à rede *peer-to-peer* do sistema. Não há uma empresa por trás da rede, ninguém é dono do protocolo, assim como nenhuma entidade é proprietária dos protocolos de comunicação da internet, TCP/IP. Dessa forma, o bitcoin tampouco é um esquema ponzi ou de pirâmide. Primeiro, porque não há ninguém "operando o esquema". Segundo, porque não há nenhuma espécie de retorno garantido ou prometido. Quem detém um bitcoin, tem a plena garantia de que continuará possuindo uma unidade de bitcoin, mas não há absolutamente nenhuma certeza de qual será o preço de mercado dessa unidade. E, por fim, se menos usuários utilizam a moeda, ou a sua cotação sofre alguma queda considerável, o sistema segue funcionando sem qualquer abalo e com todas as propriedades intrínsecas intactas.

Inspiradas pela invenção do bitcoin, surgiram inúmeras outras criptomoedas nos últimos seis anos. Hoje há literalmente milhares de moedas digitais dos mais diversos tipos. Algumas são clones quase idênticos ao original, alterando apenas parâmetros triviais; outras são plataformas muito mais complexas e ambiciosas — como é o caso do Ethereum — que prometem bem além do que apenas um dinheiro eletrônico. E, assim como o precursor bitcoin, grande parte delas é negociada na internet, em pla-

---

[10] <http://resenhab3.com.br/publicacao-tecnica/revolucao-do-blockchain-transformando-os--alicerces-dos-servicos-financeiros/>.

taformas de trading organizadas e especializadas, formando assim um novo mercado em crescente efervescência: o mercado das criptomoedas.

Como se não bastasse a disrupção do dinheiro causada pelo bitcoin e demais criptomoedas, há outra faceta dessa invenção tecnológica levando entusiastas a vislumbrarem um potencial ainda maior, capaz de transformar outras indústrias, a ponto de qualificarem as criptomoedas como uma nova internet, a internet do valor. Não por acaso, empresas como a Nasdaq desenvolvem projetos de negociação e registro de ativos baseados em blockchain; assim como diversos países, como é o caso da Suécia, testam a tecnologia para registrar títulos de propriedade de imóveis e terra. A revista britânica *The Economist* definiu como o "Protocolo da Confiança". E ela tem razão, porque o blockchain, enquanto protocolo, distribui a confiança entre todos os participantes da rede, removendo pontos centrais ou únicos de falha, tornando o sistema incrivelmente robusto e seguro. Hoje, bitcoin e outras moedas criptográficas já são consideradas apenas uma ramificação — ou um simples uso — de algo muito maior: a tecnologia do blockchain.[11]

O *Valor Econômico* noticiou em 1º de setembro de 2017 que seis grandes bancos internacionais estão desenvolvendo um projeto para acelerar o sistema de liquidação usando moedas digitais diretamente conversíveis em moeda nos bancos centrais.

Sobre o mesmo tema, o mesmo jornal, em matéria publicada em 18 de agosto de 2017,[12] informa que a empresa japonesa Fisco fez a primeira emissão de títulos de dívida corporativa em bitcoins, fazendo referência aos benefícios de velocidade e custo de transações. Informa também que em 1º de abril de 2017 o governo japonês legalizou o uso de moedas criptografadas e alguns varejistas já estão aceitando bitcoins em algumas lojas.

Ao terminar este capítulo, a situação atual me fez recordar da frase proferida pelo poeta uruguaio Mário Benedetti: *"Cuando creíamos que teníamos todas las respuestas, de pronto cambiaron todas las preguntas!"*

---

[11] Bitcoin — Série Especial — Fernando Ulrich — Empiricus.

[12] <http://www.valor.com.br/financas/5084744/empresa-japonesa-inova-com-bonus-em-bitcoin>.

34. Comentários finais

Afirmaria, sem hesitar, que nesses 60 anos, direta ou indiretamente dedicados ao mercado de capitais, registrei sensíveis progressos!

Evidentemente, não foi o desempenho dos meus sonhos, mas comparativamente aos países em desenvolvimento, mudamos de escala!

No decorrer do texto, apontamos diferentes obstáculos e limitações que criaram constrangimentos ao seu crescimento. Por isso, o título *Valeu a pena!* indica que esse longo período de minha vida profissional foi compensador e em momento algum lamento o fato de a ele ter me dedicado com persistência e determinação.

A estrutura do mercado, constituída por uma bolsa de valores das mais bem aparelhadas do mundo, instituições financeiras sadias e geridas com muito profissionalismo, diferentes associações de classe sempre buscando o melhor desempenho para o mercado, e a percepção, que se dissemina em toda a sociedade, da necessidade de mudanças, transmitem-nos a sensação de que elas virão. Estamos reconhecendo nossos problemas e, em geral, com a determinação de corrigi-los.

Sabemos que olhar o passado nem sempre nos garante uma visão de futuro. No entanto, esse referencial é importante, mesmo reconhecendo que no Brasil, como nos demais países do mundo, estamos passando por sensíveis alterações na ordem política, econômica e social com mudanças tecnológicas nos colocando diante das novas realidades. Porém, estou convicto que temos condição de vencê-los. Como sempre indico, devemos assistir ao filme Brasil e

VALEU A PENA!

não nos basearmos em um momento específico que pode nos transmitir falsas impressões. Temos que perseguir os objetivos de mudanças com obstinação, e não esperar resultados imediatos. Mas elas virão!

Mãos à obra!

Referências

BARCELLOS, Marta. *Histórias do mercado de capitais no Brasil*: depoimentos inéditos de personalidades que marcaram a trajetória das bolsas de valores do país. Rio de Janeiro: Elsevier; São Paulo: Bovespa, 2010.

BOVESPA. *A bolsa dos brasileiros*: uma breve história da Bovespa e do mercado de capitais. São Paulo: Bovespa, 2005.

BOYD, Fulton. *The campaign of Minas Gerais*. Deltec, 1953.

BRUCK, Nicholas (Ed.). *Capital markets under inflation*. Buenos Aires: Stock Exchange; Washington: Inter-American Development Bank, 1982.

CAMPOS, Roberto de Oliveira. *Função da empresa privada*. Rio de Janeiro: GB, 1971.

CARVALHO, Ney. *O Encilhamento*: anatomia de uma bolha brasileira. Rio de Janeiro: Comissão Nacional de Bolsas; São Paulo: Bovespa, 2003.

_____. *Origens do Ibmec e o desenvolvimento do mercado de capitais*. Rio de Janeiro: Publit, 2012.

CARVALHO, Ney Oscar de. *A bolha especulativa de 1971*. Rio de Janeiro: Sindicor-RJ, 2015.

CARVALHOSA, Modesto. *Oferta pública de aquisição de ações*. Rio de Janeiro: Ibmec, 1979.

CEMLA. *Los mercados de capitales en América Latina*. Reuniones. México: Centro de Estudios Monetarios Latinoamericanos, 1966.

CORDEIRO, Ari. *Ações e reações no mercado de capitais*. Rio de Janeiro: Apec, 1977.

COSTA, Roberto Teixeira da. *Brazil's experience in creating a capital market.* São Paulo: Bovespa, 1985.

_____. *Mercado de capitais*: uma trajetória de 50 anos. São Paulo: Imprensa Oficial, 2006.

DAUPHINOT, Clarence J. *The Deltec story.* 1953. Manuscrito.

DELTEC PANAMERICANA. *Os mercados de capitais do Brasil.* México: Centro de Estudios Monetarios Latinoamericanos, 1968.

DUPAS, Gilberto. *Hegemonia, Estado e governabilidade.* São Paulo: Senac, 2002.

ELLIS, Howard S. (Ed.). *The economy of Brazil.* Berkeley: University of California Press, 1969.

FÓRUM NACIONAL. *A modernização do capitalismo brasileiro*: reforma do mercado de capitais. Rio de Janeiro: José Olympio, 1991.

FUNDAÇÃO FERNANDO HENRIQUE CARDOSO. *Seminário "A educação técnica e a Reforma do Ensino Médio".* 2016. Disponível em: <http://fundacaofhc.org.br/iniciativas/debates/a-educacao-tecnica-e-a-reforma--do-ensino-medio>.

GATTO, Coroliano; FARO, Luiz Cesar; ALMEIDA, Rodrigo de. *José Luiz Bulhões Pedreira*: a invenção do Estado moderno brasileiro. Rio de Janeiro: Insight Engenharia de Comunicação, 2009.

GILL, David Bertram. *Tales of a financial frontiersman.* Gaithersburg: Signature Book Printing, 2012.

INSTITUTO BRASILEIRO DE GOVERNANÇA CORPORATIVA. Consulta a diversos estudos preparados sobre o tema governança corporativa.

KPMG BOARD LEADERSHIP CENTER; ACI INSTITUTE. *A governança corporativa e o mercado de capitais 2016/2017.* 11. ed. 2017. Disponível em: <https://assets.kpmg.com/content/dam/kpmg/br/pdf/2016/12/br-estudo--governanca-corporativa-2016-2017-11a-edicao-final.pdf>.

LEES, Francis; COSTA, Roberto Teixeira da. *Banking and financial deepening in Brazil.* Basingstoke: Palgrave Macmillan, 1990.

LEVY, Maria Bárbara. *História da Bolsa de Valores do Rio de Janeiro.* Rio de Janeiro: Ibmec, 1997.

MONTEZANO, Roberto M. *Capital de risco*: uma alternativa de financiamento. Rio de Janeiro: Ibmec, 1983.

PEDREIRA, José Luiz Bulhões. Stones of the Brazilian capital market, p. 27-31.

REFERÊNCIAS

PRICEWATERHOUSECOOPERS. *Olhando o futuro do mercado de renda variável para 2025*. Disponível em: <www.pwc.com/gx/en/audit-services/publications/assets/capital_markets-the_future_of_equity_mrkts.pdf>.

RIBEIRO, C. J. de Assis et al. *Democratização do capital*. Rio de Janeiro: Fundação Lowndes, [1964].

RODRIGUES, Gregório Mancebo. *Visões da governança corporativa*: a realidade das sociedades por ações e a sustentabilidade. São Paulo: Saraiva, 2010.

ROXO LOUREIRO, Orozimbo. *Garimpando reminiscências*. São Paulo: SEI, 1976.

SÁ, Thomas Tosta de (Coord.). *Sociedades de capital de risco*: coletânea de artigos. Brasília: Cebrae, 1987.

_____. (Comp.). *Empresa emergente*: fundo de investimento e capitalização. Brasília: Sebrae, 1994.

SAUVANT, Karl. *Internacionalização de empresas brasileiras*. Rio de Janeiro: Elsevier, 2007.

TERTULIANO, Francisco Augusto. *Full disclosure*: como aperfeiçoar o relacionamento das empresas abertas com o mercado. São Paulo: Maltese, 1993.

UM SALTO de qualidade: o mercado de capitais brasileiro rumo aos mais avançados padrões mundiais. Bowne, 2009.

VALOR ECONÔMICO. Consulta a diversas matérias sobre mercado de capitais publicadas no jornal.

VELLOSO, João Paulo dos Reis (Coord.). *O Brasil e a nova economia mundial*. Rio de Janeiro: José Olympio, 1991.

_____. *Como vão o desenvolvimento e a democracia no Brasil?* Rio de Janeiro: José Olympio, 2001.

VENTURA, Luciano Carvalho. *El empresário y el Mercosur*: el potencial de los negócios y los instrumentos de gestión de las empresas. São Paulo: Maltese, 1990.

VIDOR, George. *A história da CVM pelo olhar de seus ex-presidentes*. Rio de Janeiro: Anbima; BM&FBovespa, 2016. Disponível em: <www.portaldoinvestidor.gov.br/portaldoinvestidor/export/sites/portaldoinvestidor/publicacao/Livro/CVM_40anos_LIVRO-COMPLETO-051216xtr.pdf>.

WATKINSON, Lord. A code of practice for corporate responsibilities. *Journal of General Management*, v. 1, n. 1, p. 6-12, 1º set. 1973.

Anexos

Anexo I

Campanha em Minas Gerais — outros aspectos*

A campanha de Minas Gerais foi um esforço da Deltec para vender Cr$ 20 milhões (cerca de US$ 400 mil no câmbio atual) de ações ordinárias da Companhia Força e Luz de Minas Gerais no estado. Todo mundo dizia que essa seria a tarefa mais árdua que iríamos enfrentar. O mineiro tem fama de pão-duro (que significa avarento) no meio daqueles que negociam com ele. Além disso, havíamos nos programado para chegar lá durante a etapa final de outra grande campanha, a da Cia. Telefônica de Minas Gerais, que estava tentando vender Cr$ 150 milhões de ações ordinárias e preferenciais com um plano de pagamento facilitado (20% à vista e o restante em 16 parcelas mensais), ao passo que nossas ações deveriam ser pagas à vista. Então, mesmo que os avaros mineiros tivessem um pouco de dinheiro sobrando, a companhia telefônica já os teria convencido a gastar um pouco desse dinheiro na compra de ações, prometendo telefones aos acionistas antes de chegarmos lá.

Percebendo que essa não iria ser uma tarefa fácil, a Deltec enviou todos os vendedores de que dispunha para Minas Gerais para cobrir a maior área possível. O presidente da empresa, Dauphinot, estava na capital do estado, Belo Horizonte, para organizar e dar início à campanha. Pierce Archer, gerente de vendas e diretor da Deltec, tinha sido designado para lá permanecer o tempo todo (a campanha deveria durar seis semanas, e esperávamos vender todas as ações antes disso). George Shaw e eu éramos os únicos norte-americanos,

---

* Tradução de Myriam Gerber.

juntamente com um indiano, George Fleury, e três vendedores brasileiros. Outro colega suíço vindo de São Paulo deveria juntar-se a nós, mas ele acabou ficando doente e nunca chegou a Minas. Sendo assim, contando Pierce Archer, éramos um grupo de sete vendedores; e a Deltec disponibilizou três carros para ajudar na nossa locomoção.

Os diretores da Cia. Força e Luz de Minas Gerais colaboraram conosco, fornecendo uma lista com muitas pessoas que já possuíam ações da empresa. Obtivemos outros nomes de um diretor de um dos bancos locais, que forneceu uma lista de seus melhores clientes e de pessoas que investiam em ações. Outra fonte com nomes de peso foi obtida de uma maneira simples: rodando por Belo Horizonte e anotando os endereços das casas mais imponentes. A última parte da lista telefônica fornecia números de telefones por endereço, e não por nomes. Desse modo, era fácil descobrir quem morava em determinada casa. De uma forma ou de outra, passados alguns dias, já tínhamos uma lista de centenas de pessoas abastadas em Belo Horizonte, a quem deveríamos visitar; então, começamos a entrar em contato com elas.

Essa foi minha primeira viagem ao interior do Brasil. Já havia algum tempo que queria fazer isso, não apenas como um ato arrojado para nosso negócio, mas também para aproveitar essa excelente oportunidade de aperfeiçoar meu português, que ainda era muito precário, apesar de morar há quase dois anos no Brasil. Felizmente para mim, o brasileiro é um poço de paciência. Ele aguenta *qualquer* tipo de coisa: barulho, sujeira, mau cheiro, atrasos, falta d'água, escassez de dólares e até mesmo norte-americanos que falam mal o português. Coisas que fariam qualquer cidadão norte-americano médio enlouquecer em poucos minutos não afetam o brasileiro, que consegue, apesar de tudo, manter o sorriso e a serenidade. Essa é uma das características do brasileiro que mais admiro, embora esse comportamento também tenha seu lado negativo, pois tolera escândalos de corrupção e irresponsabilidade por parte de seus governos.

De qualquer maneira, essa paciência e inegável gentileza facilitaram consideravelmente meu desconforto por falar tão mal o português. Tão logo o brasileiro percebia estar lidando com um estrangeiro, tornava-se muito educado e solícito, o que, em meu caso, era imediatamente. Deixava de fazer o que estava fazendo, puxava uma cadeira, acendia um cigarro, recostava-se e colocava todo seu tempo à minha inteira disposição. Ouvia com atenção e

ANEXO I

concordava implicitamente com o que eu tinha a dizer. No que diz respeito às ações que eu estava tentando vender, ele estava convencido de que era um excelente investimento. Na verdade, ele observaria, as ações tinham sido recentemente avaliadas no mercado bem abaixo de seu valor nominal (e nós as estávamos oferecendo ao valor nominal). Na verdade, também diria, a empresa não parecia estar aumentando sua capacidade produtiva nem crescendo dentro do território por ela servido. Além disso, a empresa historicamente vinha pagando dividendos de apenas 10% ao ano, enquanto outros investimentos ofereciam uma margem consideravelmente maior. No entanto, com a perspectiva de receber em breve 10% de dividendos, seria certamente um ótimo investimento. Muito sólido e seguro. Porém, infelizmente (e aqui ele pareceria extremamente aborrecido), não tinha esse dinheiro no momento. Todo o centavo extra que ganhava tinha que ser imediatamente reinvestido em seu próprio negócio. Para piorar as coisas, algumas semanas antes, tinha sido forçado a tirar dinheiro de seu próprio negócio para comprar ações da companhia telefônica — ou nunca teria um telefone.

Mas, quem sabe um dia, eu voltaria a esta cidade. E mesmo que não pudesse comprar nenhuma ação quando eu voltasse, ele certamente teria prazer em me rever. De que parte do estado eu era mesmo?...

Depois da primeira semana, ficou claro que as vendas somente na cidade de Belo Horizonte não chegariam nem perto das vendas de todo o lote. Teríamos que alargar nossos horizontes para além da capital, irmos para as cidades do interior e trabalharmos duro. Pierce Archer designou um vendedor para cobrir o noroeste do estado de carro, visitando diversas cidades que, segundo a indicação de um banco, eram prósperas. Com outro carro, fui para o sudoeste. Outro vendedor tomou um avião e foi para o extremo oeste do estado de Minas Gerais para cobrir Araxá, Uberaba e Uberlândia. Na nossa volta, outros vendedores seriam enviados para outras cidades. Como era sabido, as pessoas do interior não tinham tantas oportunidades de bons investimentos, e por isso aproveitariam a oportunidade para adquirir ações de uma empresa sólida e de tão boa reputação como a Cia. Força e Luz de Minas Gerais.

Minha viagem rumo ao sul começou às seis horas de uma manhã de quinta-feira em direção a Barbacena. A rodovia, uma das melhores de Minas Gerais, era uma estrada de terra traiçoeira, cheia de curvas que não acabavam mais e que serpenteavam a região montanhosa do estado. Como o dia

VALEU A PENA!

estava bonito, a estrada estava seca e muito empoeirada. Era fácil saber que havia outro carro três ou quatro curvas na frente, só pela poeira deixada no ar. Quanto mais perto a gente chegava, mais densa ficava a poeira, até um ponto que ficava quase impossível de enxergar. Mesmo mantendo as janelas completamente fechadas, não dava para se livrar da poeira; devia estar entrando pelo chão do carro. Quando finalmente surgia uma oportunidade de ultrapassagem, o motorista do carro ou do caminhão à frente ia para a pista da esquerda tornando a ultrapassagem impossível, para que não tivesse que comer a poeira do outro carro.

Entretanto, a característica mais enlouquecedora das estradas não era a poeira e sim sua superfície totalmente irregular e cheia de buracos. De vez em quando, além do carro trepidar por quilômetros e quilômetros, também sacolejava fortemente. Isso era tão irritante que, depois de um tempo, era necessário parar o carro, sair e dar uma volta por alguns instantes.

Outra característica do povo brasileiro — prolongamento de sua infinita paciência e amabilidade — é seu desejo de agradar e de concordar com tudo com o que lhe é dito, ou inversamente, sua incapacidade de dizer não. Isso ficava muito claro quando tínhamos que pedir alguma indicação. Por exemplo, se alguém quisesse saber se a estrada em que estava indo iria dar em tal lugar, o brasileiro invariavelmente respondia sim, mesmo quando sabia que não iria. O brasileiro não tem intenção de enganar ninguém conscientemente, ele faz isso apenas para agradar. Para que isso não ocorra, a pergunta deve ser feita de outra maneira. Nunca se pode perguntar se tal rua dá em um determinado lugar, pois segundo o brasileiro, vai sempre dar em tal lugar. Em vez disso, deve-se perguntar: "aonde esta estrada vai dar?". Aí então, o brasileiro, por mais que não goste, é forçado a dar uma resposta definitiva.

Cheguei a Barbacena um pouco depois das 12 horas. O carro e eu estávamos totalmente cobertos por uma poeira vermelha e grossa. O gerente do Grande Hotel (metade dos hotéis no interior do Brasil tem esse nome) me fez um favor especial e ligou a água para que eu pudesse tomar uma chuveirada antes do almoço. Só que essa água era o restinho de água corrente que eles tinham para os próximos quatro dias.

Não há muita diferença entre o interior de um hotel para outro. O preço da diária variava de Cr$ 60,00 a Cr$ 100,00 (aproximadamente US$ 1,20 a US$ 2,00) e incluía três refeições. O café da manhã era composto de pãezinhos secos e um forte café brasileiro com leite e açúcar e nada mais. O almoço e o jantar eram sempre iguais, todos os dias, não variavam. Arroz e feijão preto eram a base da refeição servidos com um pedaço de carne gordurosa, acompanhados de um legume meio esverdeado, quase translúcido, totalmente sem gosto, chamado chuchu, e de um legume verde cortado em pedacinhos, que mais parecia grama refogada, chamado couve mineira, e de sobremesa, goiabada com um pedaço de queijo rançoso. Era sempre a mesma coisa, exceto quando era servida uma sopa ou faltava queijo. Como a louça e os talheres eram lavados com água fria, os pratos e os talheres estavam sempre cobertos por uma camada de gordura, ingrediente indispensável na preparação da comida brasileira. Em resumo, as refeições eram sem graça, sem sabor, grudentas e anti-higiênicas. As cozinhas eram imundas, infestadas de moscas e baratas. Em muitas ocasiões eu tive que tirar moscas mortas da sopa ou do chuchu. Dá até arrepios de pensar quantas moscas eu deixei de tirar dos pratos servidos.

Outro ponto negativo, mas mais fácil de a gente se adaptar, eram os quartos dos hotéis. As camas nunca eram longas o suficiente e os colchões de palha não só eram desconfortáveis como espetavam. O problema era encontrar uma posição em que o colchão incomodasse menos. A luz era normalmente fraca, uma lampadazinha de 15 volts pendurada no teto. Quando acesa, tudo o que se via era a lâmpada, mas isso era totalmente irrelevante, uma vez que a maior parte do tempo, os hotéis não tinham nem eletricidade. Além dessas inconveniências, não há realmente do que se queixar, exceto do tráfego regular de baratas e aranhas noite afora.

Existe uma coisa nos hotéis do interior com a qual eu nunca vou me acostumar — a indescritível sujeira dos banheiros. Como exemplo, posso citar o banheiro do Grande Hotel de Barbacena. No segundo andar havia quatro banheiros e 30 quartos, alguns duplos. Enquanto eu estava hospedado lá, o hotel estava quase lotado. Faltou água corrente durante quatro dias. Porém, a vida continuava e eu tinha que comer. Ao final do primeiro dia, os banheiros (que mesmo quando se encontravam na sua melhor condição não podiam ser comparados, de maneira alguma, aos mais imundos banheiros do pior bar da rua Bowery) ficavam em tal estado de putrefação que nem mesmo as moscas aguentavam. Não vou perder muito tempo falando sobre este assunto, mas acho importante mencionar que essas eram as inevitáveis condições de vida do interior do Brasil naquela época.

VALEU A PENA!

Passei a tarde de quinta-feira, todo o dia da sexta e sábado fazendo telefonemas para as pessoas que constavam de uma lista dos possíveis clientes de Barbacena, lista esta que havia sido elaborada pelo gerente de uma agência local do banco estadual com o qual estávamos trabalhando. A reação de todos os clientes em potencial foi unanimemente negativa; não vendemos uma única ação. Foi tão desanimador, que eu propus a mim mesmo, no sábado à noite, passar o domingo todo rodando pelas cidades mais próximas que constavam da lista, para tentar sentir a reação dos gerentes de bancos em relação à nossa campanha de vendas. Se eles me sinalizassem que eu só estava perdendo meu tempo por lá, eu voltaria a Belo Horizonte, onde as vendas, apesar de fracas, ainda seriam possíveis.

O domingo amanheceu chovendo, o que tornava as estradas de terra escorregadias e perigosas, mas eu tinha correntes no carro e, se o pior acontecesse e eu ficasse atolado na lama, eu poderia usá-las para desatolar meu carro. Então, resolvi pegar a estrada assim mesmo.

Em São João del-Rei, o gerente me disse que sua cidade era ainda pior do que Barbacena. Era mais pobre, as pessoas eram mais pão-duras e não consideravam ações um investimento confiável. De qualquer forma, relutantemente, algumas dessas pessoas subscreveram algumas ações da companhia telefônica, mas só uma pequena parcela. Isso porque a campanha tinha sido lançada como um projeto patriótico que requeria apoio local e parcialmente porque apenas os acionistas teriam direito a ter telefones. Por outro lado, nossas ações da Cia. Força e Luz de Minas Gerais não tinham o menor apelo patriótico, uma vez que a empresa fornecia eletricidade apenas dentro e nas redondezas de Belo Horizonte. (Além do mais, qual não foi minha surpresa quando descobri que praticamente ninguém no interior havia ouvido falar da empresa.) No que se refere ao investimento, apenas para fins de investimento, eles não tinham o menor interesse.

Foi isso que o gerente do banco de São João disse. Quando cheguei à próxima cidade, Bom Sucesso, percebi claramente que todas as pessoas juntas não teriam sequer dois centavos para gastar. Não chegava a ser uma favela, mas eu nunca vi um lugar tão pouco próspero. Até a casa do gerente do banco era caída, com portas e vidraças quebradas, um teto cheio de goteiras e cinco crianças mal-ajambradas brincando no chão imundo. Ele confirmou minha primeira impressão. Era uma cidade muito pobre e ele duvidava que alguém lá tivesse condições de comprar ações.

ANEXO I

Quando eu já estava de saída, ele de repente lembrou-se que ali perto havia outra cidade cheia de fazendeiros de café e viúvas ricas — exatamente o tipo de pessoas que estariam interessadas em grandes lotes de ações de uma empresa sólida. Voltamos a sentar e a conversar entusiasmadamente sobre as possibilidades dessa cidade. Ao iniciar minha viagem de volta à Barbacena, nem a estrada perigosa, nem a lama puderam diminuir minha animação. Esta viagem para o interior iria ser, no final das contas, um sucesso!

Na segunda-feira, dei meus últimos telefonemas em Barbacena e peguei a estrada rumo a São João. Lá eu passei dois dias, muito aflito, e tentei visitar o maior número de pessoas, mas, como já havia previsto, não vendi nada. Quarta-feira à noite, fui a Bom Sucesso e, quinta-feira pela manhã, me dirigi a Santo Antônio do Amparo, a cidade dos poderosos fazendeiros de café e das viúvas ricas. De cara, já dava para sentir cheiro de dinheiro no ar. O dia estava esplendoroso; tudo conspirava a favor de grandes e numerosas vendas.

Porém, na primeira meia hora percebi que nada do que estava imaginando ia acontecer. Todos os motivos que eu tinha ouvido para não comprar ou para não comprar essas determinadas ações foram expostos novamente, além do quê, novas razões desencorajando a compra foram adicionadas. Tive ainda a infelicidade, em razão de um equívoco em português, de presenciar uma viúva velha e doente levantar-se da cama e chamar por mim na porta de sua casa. Deveria ter caído fora antes de ela chegar, mas em vez disso, esperei, não entendendo muito bem o que estava acontecendo. Essa foi uma das raras vezes em que vi um brasileiro perder a paciência. Tive que aguentar um discurso eloquente e cheio de ódio por cinco minutos, antes de poder esgueirar-me porta afora.

Naquele mesmo dia eu voltei para Bom Sucesso, totalmente derrotado. Nesse meio-tempo, o gerente do banco, não sei bem como, tinha convencido o dono de uma farmácia a comprar 30 ações (que custavam aproximadamente 120 dólares no total). Ele me disse que iria continuar tentando vender as ações para outras seis ou sete pessoas, mas não se mostrou muito otimista. De qualquer forma, eu — particularmente — só estaria perdendo meu tempo lá, porque era muito pouco provável que eles comprassem de um estrangeiro.

Continuei a viagem em sentido a Oliveira e prometi voltar a Bom Sucesso depois de alguns dias para ver se havia mais alguns compradores. Choveu a cântaros a sexta-feira inteira e a maior parte do sábado. Ainda assim, consegui

VALEU A PENA!

visitar 20 dos melhores clientes em potencial, mas não consegui vender nada; cheguei até mesmo a visitar um rico prefeito da cidade vizinha, mas não vendi nada; voltei a Bom Sucesso e descobri que o gerente do banco de lá também não tinha conseguido vender nada; daí decidi voltar a Belo Horizonte. Nessa altura, eu já estava imaginando que os outros vendedores que tinham ido para o interior já tinham vendido uma porção considerável das ações, e que a minha volta de mãos vazias iria me rotular como um fracassado. Aí já era o final de um sábado escuro e sombrio que combinava perfeitamente com meu humor.

Quando estava a caminho de Carmo da Mata, uma cidade onde eu havia visto um raro hotel limpo para passar a noite, um carro que vinha no sentido oposto bateu na lateral do meu carro. Não foi nada sério, mas o outro motorista conseguiu não só amassar meu para-choque esquerdo como toda a lateral esquerda do carro. Além disso, em um esforço inútil de evitar a colisão, joguei meu carro para a direita e bati meu para-choque direito em um barranco. Finalmente, quando cheguei a Carmo da Mata, o carro parou e eu vi que a mangueira da gasolina tinha soltado do tanque. Ao tentar arrumá-la, claro que eu consegui quebrá-la. Um mecânico da cidade tentou consertar a mangueira, mas ele notou que os dois feixes de mola da suspensão traseira estavam quebrados e me aconselhou a não tentar voltar para Belo Horizonte sem antes trocá-los. Isso significava mais um dia de atraso, pois eu tinha que esperar as novas molas chegarem. Felizmente, o hotel que eu tinha escolhido era de fato muito limpo e confortável e aproveitei a chance para descansar por um dia, enquanto o carro estava sendo arrumado.

Ao chegar a Belo Horizonte, na segunda-feira à noite, qual não foi minha surpresa quando soube que Pierce Archer havia ficado muito doente, logo após minha partida, e havia sido levado a um hospital no Rio. George Shaw ficou no lugar de Pierce, mas ele também adoeceu logo que eu cheguei, porém recuperou-se rapidamente. O que ele teve aparentemente foi algum tipo de verme que ataca o estômago e o intestino e causa grandes estragos por diversos dias. Leva um bom tempo para a pessoa se recuperar e voltar ao normal. A despeito de seu profundo mal-estar, George só perdeu meio dia de trabalho.

As vendas em Belo Horizonte caminhavam muito lentamente. Além do mais, os outros vendedores que tinham ido para o interior também tinham retornado de mãos vazias. Fomos aconselhados pelo banco e por diversas outras fontes que teríamos mais sorte em outras cidades mais para o interior,

ANEXO I

longe de Belo Horizonte. Mais uma vez, enviamos três vendedores; dessa vez eu escolhi uma cidade de criação de gado, Montes Claros, no noroeste do estado. Eu tinha que trabalhar essa cidade e virá-la do avesso até o final da campanha.

Em razão da grande distância até Montes Claros e da precariedade das estradas na época das chuvas, eu teria que voar até lá. Entretanto, infelizmente, a pista do aeroporto não era asfaltada e estava coberta por uma lama grossa, sobre a qual nenhum avião ousava aterrissar. Já que a chuva não deu trégua e não havia sinais de que iria melhorar, acabei tomando o trem. Não tinha outro jeito, mas eu nunca tinha achado tão ruim viajar.

A malha ferroviária no Brasil é sabidamente ruim. Os equipamentos são antiquados e pessimamente mantidos, e os trilhos estavam em condições deploráveis. A maioria dos trens da linha que fazia Montes Claros era a vapor. No meu trem, especificamente, não havia camas, só vagões, e esses estavam lotados de gente e sujos. As poltronas eram revestidas de um tipo de palha dura e escorregadia. E era exatamente essa característica que impossibilitava pegar no sono, além do barulho, das constantes paradas e partidas do trem, do choro dos bebês, da chuva que entrava pelas goteiras e do trança-trança dos passageiros. A viagem levou 20 horas, cada hora pior que a outra. Não preciso dizer que foi um alívio absoluto sair do trem em Montes Claros no final de uma tarde de sábado e ir para um hotel. Infelizmente, eu tive que ficar sujo até o domingo à tarde, pois faltou água, mas esse foi apenas um pequeno inconveniente comparado a todo o sufoco que passei no trem.

O hotel e a cidade de Montes Claros reuniam as piores características das cidades de interior. No hotel, as instalações e a comida eram da pior qualidade possível. A cidade tinha algumas poucas ruas pavimentadas e mesmo assim com paralelepípedos, de forma que na estação chuvosa elas viravam um lamaçal. Mas o pior de tudo é que ninguém comprou uma ação sequer.

A cidade não era uma cidade pobre de forma alguma. Sendo uma cidade de criação de gado, todas as pessoas que tinham algum dinheiro para investir investiam cada centavo que tinham ou que tomavam emprestado em gado. O fato é que em ocasiões normais, salvo em razão de seca ou doença, era possível obter um lucro de quase 25% do dinheiro investido em um período de seis meses. E se, além disso, a pessoa tivesse sua própria terra, ela teria o mesmo lucro com o gado de terceiros (sem investir nada) e aproximadamente 50% sobre seu próprio gado. Portanto, ações de uma empresa distante de serviços público não tinha nenhum atrativo para essas pessoas, e muito embora eu tenha visitado e falado com quase uma centena delas, nem uma única ação foi vendida em Montes Claros.

Dez dias mais tarde, comecei a voltar. A chuva não dava trégua e o aeroporto nunca tinha estado em tão mau estado. Mais uma vez tive que tomar o trem e, dessa vez, foi ainda pior do que a viagem de ida. Uma das razões da viagem ter sido tão ruim é que quando eu subi no trem, em Montes Claros, o trem já estava lotado e só consegui um lugar para sentar depois de oito horas. Outra razão foi que logo depois que eu finalmente consegui um lugar para sentar, o trem parou e todo mundo teve que sair, andar por quase um quilômetro na chuva, passar por uma área inundada e entrar em outro trem que tinha parado naquele lugar. Mais uma vez eu não tinha lugar para sentar. Finalmente, achei um beliche bem esculhambado e consegui me instalar na parte de cima. Era mais confortável do que ficar em pé ou sentado, mas era impossível dormir, em razão do perigo de cair do beliche se a pessoa não se segurasse. Era um beliche muito estreito e o trem balançava incessantemente.

A viagem de volta levou 30 horas e cheguei a Belo Horizonte às três horas da manhã. Consegui um quarto de hotel, tomei banho, fiz a barba e consegui até achar alguma roupa para usar no meio de toda aquela roupa suja. Tudo isso antes de ir para a cama. Fiquei muito feliz de ter água e poder finalmente tomar um banho.

O prazer de voltar à civilização não durou muito, uma vez que, na manhã seguinte, fui acometido por uma disenteria que durou 10 dias. Esse meu estado tirou muito da minha alegria de voltar de Belo Horizonte para o Rio de Janeiro, uma viagem durante a qual dirigi 17 horas embaixo de uma incessante chuva e um barro tão espesso que em muitos lugares tivemos que colocar correntes nos pneus para não atolarmos. Quando finalmente chegamos ao Rio, a única parte limpa do carro era aquela parte do vidro em que os limpadores de para--brisa passam; o resto do carro parecia um bolo coberto de barro. Contudo, foi um prazer muito grande conseguirmos tomar banho, lavar nossas roupas, lavar o carro, tudo direitinho, limpos e de volta à civilização, deixando todos os rastros da campanha de Minas para trás. A campanha não tinha sido um sucesso no estado de Minas Gerais, mas, enquanto a gente estava lá, um número suficiente de vendas foi realizado no Rio, de forma que, ao final da campanha, mais da metade das ações haviam sido vendidas.

Olhando a campanha retrospectivamente, existem muitas coisas que me vêm à mente. Entre elas, a chuva, as estradas cheias de barro, a comida ruim, a imundice insuportável dos banheiros e as obsoletas estradas de ferro. Mas, acima de tudo, o mineiro em si, o conhecido "pão-duro". O estado encontrava-se na época em um período de transição de um estado subdesenvolvido produtor de laticínios e extrator de minérios para um moderno centro industrial. Tudo estava sendo feito ao mesmo tempo, novas autoestradas, novas usinas de energia elétrica, novas indústrias estavam sendo construídas em todos os cantos do estado. E eram esses sérios e determinados mineiros que estavam fazendo tudo isso acontecer. Vendo-os trabalhar, seria difícil deixar de compartilhar sua confiança de que, em um futuro muito próximo, esse estado atrasado e de estradas lamacentas seria uma das regiões mais ricas, modernas e poderosas da indústria brasileira.

Fulton Boyd
Novembro de 1953

Anexo II

Discurso de encerramento — Student Leader Seminar in Economics

Remarks Made by Roberto Teixeira da Costa At the Graduation Exercises, February 25, 1960

Dear Dean Green, Professor Bell, Coordinator of the Seminar, Professors, Professor Carneiro, Brazilian friends, ladies and gentlemen.

It's a great pleasure for me to have this opportunity to say some words of goodbye in our last day on the campus. As a matter of fact this represents too much for me.

Although we only stayed here for twenty-five days, there was enough time to acquaint and prove the perfect organization of your University system.

Our experience was not limited to the classes and the informal talks with the teachers, because we go much ahead and in close contact with the American Family inside their homes, we felt like as in our homes. I am not exaggerating if I say that these days will be outstanding in our lives, and the best prospects can be expected of all tour.

We are not surprised with the way you receive us in your country.

The Brazilians who come to the United States are always impressed with the cordial way they were received here, and the reciprocity is true too. As proof of the admiration that the Brazilians devote to your people must be mentioned the wonderful and enthusiastic manifestation given to your President Dwight Eisenhower, these two last days in our principal cities: Rio de Janeiro and São Paulo. Never before so many people went to the streets to present their admiration for a person for a person representing his country. Once again, it was proved that the friendship between Brazil and the United States can never be broken.

ANEXO II

In the joint Declaration made in Brasilia, which will be the capital of my country on April 21, the two presidents reaffirmed the purpose of defense of the democratic freedoms and fundamental rights of men, and more, that the great challenge to the aspirations of the people of the Americas is an ever-improving way of life, moral and material. A document was firmed by the two parties to meet this challenge by join together, through coordinated action, that there may be an intensification of measures capable of combating under-development in a vast area of the American Continent.

To improve living standards, is a goal to be achieved by the belief in democracy, freedom and self-determination of the peoples.

As far as we Brazilian students are concerned, we are soldiers returning to the front revived and with energies, a new disposition for our studies which will help us to face the challenge.

My farewell speech would be incomplete without a special mention to the dedication of all professors, Mr. Clarence Leverenz, and this sympathetic and nice person which is professor Bell represents, really a second father for all of us during the seminar.

Another special mention must be dedicated to our leader Professor David Carneiro, which with his joviality and group spirit was an important piece for the success of this seminar.

Thank you very much, and God bless the Americas.

Anexo III

Fatos importantes na história dos fundos de investimento do mercado de capitais no Brasil

1945	Banco Nacional Imobiliário (BNI) — Octavio Frias e Orozimbo Roxo
	1º Fundo de Investimento (Roxo Orozimbo S/A)
	Lançamento das ações da Refinaria e Petróleo União (Capuava)
	Alteração razão social BNI para Banco Nacional Interamericano (Adquirido pelo Bradesco em 1954)
1946	Criação Deltec
1952	Valéria Primeira
1956	Lançamento Willys
1957	Fundo Crescinco
1961	Condomínio Deltec
1965	Lei nº 4.728 — Lei do Mercado de Capitais
1966	Criação do Banco de Investimento do Brasil (BIB)
1967	Fundo 157
1968	Índice Ibovespa
1974	Investimentos Brasileiros S/A (Ibrasa)
1976	Lei nº 6.404 — Nova Lei das Sociedades por Ações
	Lei nº 6.385 — Criação da CVM
1980	BMF
1982	BNDESPAR
1984	Criação dos Fundos de Renda Fixa
1988	Equitypar Companhia de Participações
1989	1º Exchange Traded Fund (ETF) de sucesso em português (EUA)
1991	Nova legislação para entrada de investidores estrangeiros em bolsa
1994	Comissão de Valores Mobiliários (CVM) dá nova formatação aos fundos de ações
	Responsável desde 1987
	Internacionalização da CVM

ANEXO III

1995	Lançamento — Brazil Fund
	Criação — Instituto Brasileiro de Governança Corporativa (IBGC)
1995	Nova Legislação de Fundos de Investimento Financeiro
1996	SulAmérica Gestão de Ativos (Saga) × Brasilpar
2000	Novo Mercado (NM)
2002	Início da transferência da regulação/supervisão dos fundos de investimento do BC para a CVM
	Plano Diretor do Mercado de Capitais
2004	1º ETF no Brasil (fruto de operação de venda de parte de carteira de ações do BNDES)
	Instrução CVM nº 409
	Unificação das regras de constituição, administração, funcionamento e divulgação de informações dos fundos de investimento
2007	Instrução CVM nº 450 e nº 456
	Consolidam as regras de constituição, administração, funcionamento e divulgação de informações dos fundos de investimento e possibilitam investimentos no exterior pelos fundos
2008	Criação BM&FBovespa
2009	Código de Melhores Práticas de Governança Corporativa do IBGC
2016	Código Brasileiro de Governança Corporativa — Companhias Abertas
2017	B3 — Resultado da combinação entre a BM&FBovespa e a Cetip

Glossário

Abamec	Associação Brasileira dos Analistas do Mercado de Capitais.
Abertura de capital	Democratização do capital social de uma empresa que tem suas ações distribuídas entre um determinado número de acionistas.
Abrapp	Associação Brasileira das Entidades Fechadas de Previdência Privada.
Abrasca	Associação Brasileira das Companhias Abertas.
Ação	Título negociável, representativo de propriedade de uma fração do capital social de uma sociedade anônima.
Ação listada em bolsa	Ações de empresas que satisfazem os requisitos das bolsas de valores para efeito de negociação de seus títulos em pregão.
Ação preferencial	As ações *preferenciais* (PN) conferem ao titular prioridades na distribuição de dividendo, fixo ou mínimo, e no reembolso do capital. Entretanto, as ações PN não dão direito a voto ao acionista na Assembleia Geral da empresa, ou restringem o exercício desse direito.
Acionista	Proprietário de uma ou mais ações de uma sociedade anônima.
Acionista majoritário	Acionista que detém uma quantidade tal de ações com direito a voto que lhe permite (dentro da distribuição vigente de participação acionária) manter o controle acionário de uma empresa.
Acionista minoritário	Acionista proprietário de ações com direito a voto, cujo total não lhe garante o controle da sociedade.
Administração de carteira	Tarefa delegada a sociedades corretoras e a bancos de investimento, por procuração, para decidir sobre movimentações no mercado financeiro, de uma carteira de títulos e valores mobiliários.

VALEU A PENA!

Administrador de carteira	Profissional de mercado responsável pela gestão, administração e controle de uma carteira diversificada de títulos (portfólio).
Amec	Associação de Investidores no Mercado de Capitais.
Analista de mercado de capitais	Profissional de formação universitária que aplica determinada metodologia no estudo de empresas, setores, situações conjunturais e demais aspectos que afetam o mercado de capitais.
Anbid	Associação Nacional dos Bancos de Investimento.
Anbima	Associação Brasileira das Entidades dos Mercados Financeiros.
Ancor	Associação Nacional das Corretoras de Valores.
Andima	Associação Nacional das Instituições do Mercado Aberto.
Apimec	Associação dos Analistas e Profissionais de Investimento do Mercado de Capitais.
Aplicação	Utilização de poupança na compra de títulos, com a finalidade de auferir rendimentos.
Arbitragem	Compra de um título para determinado vencimento a futuro ou à vista de concomitante venda igual a outro vencimento, visando auferir vantagem do diferencial de preços ou de sua futura variação. As operações podem ser realizadas cada uma em uma bolsa diferente ou, por exemplo, no balcão, com dois parceiros diferentes, na mesma ou em praças diferentes. Além do "arbitrador", beneficia-se o mercado como um todo pela redução dos diferenciais de preços indevidamente afastados ou aproximados pelo aumento de número de parceiros e da liquidez do mercado.
Ativo financeiro	Todo e qualquer título representativo de parte patrimonial ou dívida: ações, OTN, dinheiro, letra de câmbio etc.
Autorregulação	Por autorregulação entende-se basicamente a normatização e a fiscalização, por parte dos próprios membros do mercado, organizados em instituições ou associações privadas, de suas atividades com vistas à manutenção de elevados padrões éticos. Assim, em vez de haver uma intervenção direta do Estado, sob a forma de regulação, nos negócios dos participantes do mercado, estes se autopoliciam no cumprimento dos deveres legais e dos padrões éticos consensualmente aceitos. No mercado de capitais, tradicionalmente, as entidades tipicamente autorreguladoras são as bolsas de valores.
B3	Fruto da combinação entre a BM&FBovespa e a Cetip.
Balanço	Demonstrativo contábil do estado patrimonial e da situação econômico-financeira de uma empresa, sempre referente ao fim de um exercício social.

GLOSSÁRIO

Banco Central do Brasil	Órgão federal, executor e agente fiscalizador do cumprimento das normas baixadas pelo Conselho Monetário Nacional.
Banco de Desenvolvimento	Instituição financeira pública, constituída sob a forma de S/A, com sede na capital dos estados da Federação, que detém o controle acionário. Financia capital fixo a longo prazo.
Banco de investimento	Instituição especializada em operações para capitalização das empresas, bem como para financiamento, a médio e longo prazos, para capital de giro e fixo, mediante a aplicação de recursos próprios de terceiros, ou de repasse de fontes oficiais e do exterior. Pode administrar fundo de sociedades de investimento, bem como fazer "underwriting".
BBM	Bolsa Brasileira de Mercadorias.
BIB	Banco de Investimento do Brasil.
BM&F	Bolsa Mercantil & de Futuros.
BNDES	Banco Nacional de Desenvolvimento Econômico e Social — empresa pública exclusivamente dedicada ao estudo global dos problemas de desenvolvimento econômico e ao exame de projetos específicos, visando ao crescimento setorial e global da economia do país, aos quais concede aporte de recursos.
BNDESPAR	BNDES Participações — surgiu com as fusões entre Embramec, Fibase e Ibrasa.
BNH	Banco Nacional de Habitação.
Bolsa em alta	Quando o índice médio do dia considerado é superior ao índice médio do dia anterior.
Bolsa em baixa	Quando o índice médio do dia considerado é inferior ao índice médio do dia anterior.
Bolsa de mercadorias	Instituição onde se realizam negociações com matérias-primas (café, trigo etc.) para compra e venda futura.
Bolsa de valores	Associação civil sem fins lucrativos. Seu objetivo básico consiste em manter local adequado ao encontro de seus membros e à realização, entre eles, de transações de compra e venda de títulos e valores mobiliários, em mercado livre e aberto, especialmente organizado e fiscalizado por seus membros e pelas autoridades monetárias; responsável também pela realização de leilões especiais.
Bovesba	Bolsa de Valores Bahia-Sergipe-Alagoas.
Bovespa	BMF — Bovespa Bolsa de Valores de São Paulo.
BOVMESB	Bolsa de Valores Minas-Espírito Santo-Brasília.

VALEU A PENA!

BVRJ	Bolsa de Valores do Rio de Janeiro.
BVST	Bolsa de Valores de Santos.
CAM	Câmara de Arbitagem do Mercado.
Capital aberto (Companhia de)	Empresa que tem suas ações registradas na Comissão de Valores Mobiliários (CVM) e distribuídas entre um determinado número de acionistas, que podem ser negociadas em bolsa de valores ou no mercado de balcão.
Capital de risco	É uma modalidade de investimentos alternativos utilizada para apoiar negócios por meio da compra de uma participação acionária, geralmente minoritária, com objetivo de ter ações valorizadas para posterior saída da operação.
Capital fechado (Sociedade de)	Sociedade anônima com capital de propriedade restrita, tipicamente uma empresa familiar.
Capital social	Soma de todos os recursos, bens e valores mobilizados para a constituição de uma empresa.
Carteira de ações	Conjunto de ações de propriedade de uma pessoa física ou jurídica.
Carteira de títulos	Conjunto de títulos de renda fixa e de renda variável de propriedade de uma pessoa física ou jurídica.
Clube de investimento	É a reunião de um grupo de pessoas com a finalidade de aplicar suas economias em uma carteira diversificada de ações, dentro de regras específicas estabelecidas pelas bolsas de valores e pela Comissão de Valores Mobiliários.
CMN	Conselho Monetário Nacional.
CNBV	Comissão Nacional de Bolsas de Valores — associação civil sem fins lucrativos, que tem como objetivo básico representar os interesses das bolsas de valores junto às autoridades administrativas e judiciárias.
Conselho fiscal	Fiscaliza a situação financeira da empresa. É constituído no mínimo por três membros efetivos e três suplentes não ligados à empresa.
Conselho Monetário Nacional	Responsável pela fixação da política da moeda, do crédito e da regulamentação e controle de todas as atividades financeiras desenvolvidas no país.
Correção (em análise de investimento)	Fica caracterizada quando ocorre uma tendência secundária de baixa em um mercado de ações em alta.
Correção monetária	Operação destinada a atualizar o poder aquisitivo da moeda perante o processo inflacionário.
CVM	Comissão de Valores Mobiliários. Órgão federal, responsável pela disciplina, fiscalização, emissão e distribuição de valores mobiliários no mercado de capitais.

GLOSSÁRIO

Debênture	Título que representa um empréstimo contraído por uma sociedade anônima, mediante lançamento público ou particular garantido pelo ativo da sociedade e com preferência para o resgate sobre quase todos os demais débitos.
Decreto nº 22.626 de 7/4/1933	Lei da Usura.
Dividendo	Distribuição aos acionistas de resultado em dinheiro, em proporção à quantidade de ações possuídas e com recursos oriundos dos lucros gerados pela empresa em um determinado período. Pela Lei das S/A, deverá ser distribuído um dividendo mínimo de 25% do lucro líquido apurado em cada exercício social.
Embramec	Mecânica Brasileira S/A — subsidiária do BNDES para incentivar o crescimento do parque industrial.
Emissão	Ato de emitir dinheiro ou título.
Emissor	Entidade oficial que emite papel-moeda ou instituição emitente de título de crédito, de renda ou ordem de pagamento.
Emitente	Pessoa que emite um título, criando uma obrigação de pagamento.
Empresa holding	Empresa que detém o controle acionário de uma empresa ou um grupo de empresas subsidiárias.
Fasb	Financial Accounting Standards Board — é uma organização estadunidense sem fins lucrativos criada em 1973 para padronizar os procedimentos da contabilidade financeira de empresas cotadas em bolsa e não governamentais.
Fibase	Insumos Básicos S/A — subsidiária do BNDES para incentivar o crescimento do parque industrial.
Finame	Agência Especial de Financiamento Industrial — é um financiamento do BNDES feito por intermédio de instituições financeiras credenciadas para produção e aquisição de máquinas e equipamentos novos de fabricação nacional para empresas que estejam credenciadas no BNDES.
Financeira	Ver Sociedade de Crédito, Financiamento e Investimento.
Financiador	É o investidor que realiza uma compra de um determinado título no mercado à vista, e posteriormente realiza sua venda num dos mercados a prazo, garantindo um retorno fixo na data de vencimento.
Financiadora	Ver Sociedade de Crédito, Financiamento e Investimento.
Financiamento	Designação de mercado que se dá a um reporte onde a compra à vista e concomitante venda a futuro por preço maior não toma em consideração o título correspondente nem a esperada evolução dos preços, pois visa unicamente realizar — no vencimento da operação a futuro — a diferença resultante das duas operações.

VALEU A PENA!

Fumcap	Fundo de Desenvolvimento do Mercado de Capitais. Fundo contábil, de natureza financeira, destinado a dinamizar o mercado de títulos e valores mobiliários, facilitar a reestruturação financeira das empresas nacionais e criar um sistema de financiamento, a médio e a longo prazos, destinado a amparar a realização de projetos relativos a implantação, ampliação e reaparelhamento de empresas nacionais.
Fundo	Conjunto de disponibilidades destinado a uma aplicação específica.
Fundo fiscal de investimento (Decreto-Lei nº 157)	Concede estímulos fiscais a capitalização das empresas, reforça os incentivos fiscais à compra de ações, facilita o pagamento de débitos fiscais. Extinto a partir de 1984, transformado em fundo de ações em 1985.
Gemec	Gerência de Mercado de Capitais do Banco Central do Brasil.
Iasb	International Accounting Standards Board.
Ibec	International Basic Economy Corporation.
Ibmec	Instituto Brasileiro de Mercado de Capitais. Desenvolve pesquisas na área de mercado de capitais, promove cursos pertinentes à área e forma técnicos para atuar nesse mercado.
Ibovespa	Índice da Bolsa de Valores de São Paulo. É o resultado de uma carteira teórica de ativos, elaborada de acordo com os critérios estabelecidos em sua metodologia.
Ibrasa	Investimentos Brasileiros S/A — subsidiária do BNDES para incentivar o crescimento do parque industrial.
IFRS	*International Financial Reporting Standards* — são normas internacionais de contabilidade, um conjunto de pronunciamentos contábeis internacionais publicados e revisados pelo Iasb.
Índice preço/lucro — P/L	Quociente da divisão do preço de uma ação no mercado, em um instante, pelo lucro líquido anual da mesma. Assim, o P/L é o número de anos que se levaria para reaver o capital aplicado na compra de uma ação, por meio do recebimento do lucro gerado por uma empresa. Para tanto, torna-se necessário que se condicione essa interpretação à hipótese de que o lucro por ação se manterá constante e será distribuído todos os anos.
Inflação	Aumento contínuo no nível geral de preços, ocasionando uma perda do poder aquisitivo da moeda.
Insider	Assim é chamado o investidor que tem acesso privilegiado a determinadas informações, antes de se tornarem conhecidas do mercado.
Investidor	Indivíduo ou instituição que aplica suas economias com o objetivo de obter ganho a médio e longo prazos.

GLOSSÁRIO

Investidor institucional	Instituição que dispõe de vultosos recursos mantidos com certa estabilidade, destinados à reserva de risco ou à renda patrimonial, e que investe esses recursos no mercado de capitais.
Investimento	É o emprego de capital com o objetivo de obter a médio e longo prazos, em oposição a resultados imediatos.
Iosco	International Organization of Securites Commission
ISE	Índice de Sustentabilidade Empresarial — é uma ferramenta para análise comparativa da performance das empresas listadas na BMF&FBovespa sob o aspecto da sustentabilidade corporativa, baseada em eficiência econômica, equilíbrio ambiental, justiça social e governança corporativa.
Isenção fiscal	Dispensa legal do pagamento de um tributo devido.
Lei nº 4.595 (31/12/1964)	Dispõe sobre a política monetária, bancária e creditícia. Cria o Conselho Monetário Nacional e disciplina a atuação das instituições pertencentes ao Sistema Financeiro Nacional.
Lei nº 4.728 (14/7/1965)	Disciplina o mercado de capitais e estabelece medidas para seu desenvolvimento.
Lei nº 6.385 (7/12/1976)	Dispõe sobre o mercado de valores mobiliários e cria a Comissão de Valores Mobiliários.
Lei nº 6.404 (15/12/1976)	Dispõe sobre as sociedades por ações.
Lei nº 6.422 (8/6/1977)	Altera a Lei nº 6.385 (7/12/1976), que dispõe sobre o mercado de valores mobiliários e criou a Comissão de Valores Mobiliários.
Lei da Usura	Instrumento legal que impede uma maior remuneração nas operações de crédito, fixando uma taxa de juros máxima de 12% ao ano.
Letra de câmbio	É um título de crédito correspondente a uma ordem de pagamento à vista ou a prazo. Atualmente esse título tem sido utilizado quase que totalmente para o financiamento do crédito direto ao consumidor.
Liquidez	É a maior ou menor facilidade de se negociar um título.
Lucratividade	Lucratividade de um título é a medida do ganho proporcionado por este, em relação ao capital gasto na sua aquisição.
Margem	É o montante, em dinheiro e em títulos, que um cliente precisa depositar na sociedade corretora para efetuar uma compra ou uma venda a termo ou a futuro.
Mercado aberto	Mercado de compra e venda de títulos públicos e privados sob a orientação do Banco Central; atuam no mercado aberto as instituições financeiras que negociam entre si sempre por telefone, sem necessidade de estarem presentes no mesmo local (como as bolsas de valores), para realizarem seus negócios.

VALEU A PENA!

Mercado de capitais	É o conjunto das operações financeiras de médio, longo e prazo indefinido, normalmente efetuadas diretamente entre poupadores e empresas, ou através de intermediários financeiros não bancários, geralmente destinadas ao financiamento de investimentos fixos.
Mercado financeiro	É o conjunto de mecanismos voltados para a transferência de recursos entre os agentes econômicos. No mercado financeiro são efetuadas transações com títulos de prazos médio, longo e indeterminado, geralmente voltados para o financiamento de capital de giro permanente e de capital fixo.
Mercado futuro de ações	É o mercado onde as liquidações em ações se processam a prazos predeterminados e com datas de vencimento prefixadas.
Mercado paralelo	Movimentação ilegal de numerário destinado a atender a quem não quer ou não pode utilizar-se do mercado financeiro para obter crédito.
Mercado primário	Tem como função a colocação de ações (ou outros títulos) provenientes de novas emissões. É ao mercado primário a que as empresas recorrem para complementar os recursos de que necessitam, seja para financiamento de seus projetos de expansão, seja para empregá-los de outras formas produtivas.
Mercado principal	Abrange operações normais, com lotes múltiplos de mil ações. É constituído pelas ações de maior negociabilidade nas bolsas de valores.
Mercado secundário	As operações do mercado secundário representam transferências de recursos e títulos entre investidores e/ou instituições. O mercado secundário proporciona liquidez aos títulos; permite que os investidores revertam suas decisões de compra e venda, transferindo, entre si, os títulos anteriormente adquiridos no mercado primário.
Pasep	Programa de Formação do Patrimônio do Servidor Público.
PIS	Programa de Integração Social.
P/L — índice Preço/lucro	É o quociente da divisão do preço da ação no mercado, em um instante, pelo lucro líquido da ação. Assim, o P/L é o número de anos que se levaria para reaver o capital aplicado na compra de uma ação, por meio do recebimento do lucro gerado pela empresa. Para tanto, torna-se necessário que se condicione essa interpretação às hipóteses de que o lucro por ação se manterá constante e que ele será totalmente distribuído todo ano.
SEC	Security Exchange Commission — é o órgão dos EUA equivalente à CVM brasileira.
SFH	Sistema Financeiro de Habitação.
Sociedades seguradoras	São constituídas sob a forma de SA. Caracterizam-se pelo recebimento de uma taxa de prêmio, assumindo em troca a obrigação de pagar uma determinada indenização se ocorrer perda ou dano do que foi assegurado.

GLOSSÁRIO

Subscrição	Chamada de capital feita por uma empresa, via lançamento de novas ações para subscrição pelos acionistas, obtendo, assim, o financiamento necessário para fazer frente a seus investimentos.
Sumoc	Superintendência da Moeda e do Crédito.
Underwriters	Instituições financeiras altamente especializadas em operações de lançamento de ações no mercado primário. No Brasil, tais instituições são, em geral, bancos de investimento, sociedades distribuidoras e sociedades corretoras que mantêm equipes formadas por analistas e técnicos capazes de orientar os empresários, indicando-lhes as condições e a melhor oportunidade para que a empresa abra seu capital ao público investidor, por meio de operações de lançamento.
Underwriting	É uma operação realizada por uma instituição financeira mediante a qual, sozinha ou organizada em consórcio, subscreve títulos de emissão por parte de uma empresa, para posterior revenda ao mercado. A instituição financeira subscreve somente as sobras da emissão, nos casos em que a lei brasileira assegura aos acionistas o direito de preferência à subscrição das novas ações a serem emitidas, na proporção das ações que possuírem na época.
US GAAP	Generally Accepted Accounting Principles — são os princípios contábeis geralmente aceitos nos Estados Unidos, ou seja, o padrão contábil adotado pelos EUA.
Venture capital	Ver *capital de risco*.

Este livro foi impresso nas oficinas gráficas da Editora Vozes Ltda.,
Rua Frei Luís, 100 – Petrópolis, RJ.